Haftung

Die Informationen dieses Buches sind nach bestem Wissen und Gewissen dargestellt. Sie ersetzen nicht die Betreuung durch einen Arzt, Heilpraktiker oder Psychotherapeuten, wenn Verdacht auf eine ernsthafte Gesundheitsstörung besteht. Weder Autorin noch Verlag übernehmen eine Haftung für Schäden irgendwelcher Art, die direkt oder indirekt aus der Anwendung des Inhalts dieses Buches entstehen könnten.

Bitte fordern Sie unser kostenloses Verlagsverzeichnis an:

Smaragd Verlag
In der Steubach 1
57614 Woldert (Ww.)
Tel.: 02684-97848-10
Fax: 02684-97848-20
E-Mail: info@smaragd-verlag.de
www.smaragd-verlag.de

Oder besuchen Sie uns im Internet unter der obigen Adresse.

© Smaragd Verlag, 57614 Woldert (Ww.)
Deutsche Erstausgabe Januar 2012
Dritte Auflage: Juni 2012
Cover: Andrea Kraus
Umschlaggestaltung: preData
Fotos Innenteil: Andrea Kraus
Satz: preData
Printed in Czech Republic
ISBN 978-3-941363-65-6

Andrea Kraus

Lichtkörpersymptome

Band 1

Du bist nicht krank, du steigst auf!

Smaragd Verlag

Über die Autorin

 Andrea Kraus, Jahrgang 1961, lebt mit ihrer Familie in Thüringen.

Sie ist Heilerin, spirituelle Beraterin sowie Energiekosmetikerin und unterstützt Menschen in ihrer Bewusstseinsentwicklung und ihrem Selbstheilungsprozess. In ihrem Lichtkristall-Heilenergie-Zentrum und auch andernorts gibt sie Seminare und Energieausbildungen, leitet Meditationsgruppen und bietet energetische Körperbehandlungen, Coachings und Energieübertragungen an.

Seit über zehn Jahren ist sie mit der Geistigen Welt intensiv verbunden und leitet Energien und Botschaften der Meister und Engelebenen durch Meditationen, Energieübertragungen und seit einiger Zeit auch durch ihre energetischen Gemälde an interessierte Menschen weiter.

www.lichtkristallportal.de
lichtkristall99@t-online.de

Danke

... dir, meine liebe Freundin, die du meine Texte vielfach gelesen und lektoriert hast. Ich umarme dich! Meine Liebe und mein Licht sind mit dir. Mag uns die gemeinsame Arbeitsfreude noch mehr verquicken, verwirbeln und spiralförmig drehen, damit sich aus dieser neuen Energiemischung wundervolle Projekte emporheben.

Ich danke dir, liebe Tochter, dass DU BIST. Ich liebe und segne dich aus meinem tief verbundenen Herzen jetzt und somit für die Ewigkeit. Dein Wesen ist so lichtvoll und feenhaft, dass an allen Orten, an denen du auftauchst, eine fröhlich-beschwingte Leichtigkeit einziehen kann. Deine Erdenwege sind lichtvoll gezeichnet, und dein Sein kristallisiert sich in Anmut, Freiheit, Liebe, Freude, Erfülltsein und Verbundenheit mit Mutter Gaia und Allem-was-ist.

Danke euch, liebe Mutter und lieber Vater, ohne die ich nicht physisch an diesem Ort wäre. Danke für eure Hilfe in vielfacher Hinsicht. Ich freue mich sehr, wenn ihr eines Tages erkennt, welch großartige Wesen ihr selbst seid! Nicht nur im Raum der materiellen Dimension... wo ihr euch so sehr noch dem unermüdlichen, kräftezehrenden Tun und Werden und weniger dem schlichten „Sein" verschrieben habt. Mag euch dieser Weg in freier Entscheidung eines Tages ebenso an den Ort der Seelen führen.

Ich danke allen hohen geistigen Wesen, die hier und jetzt in meinem Raum sind, für ihre licht- und liebevollen („mitunter liebestollen...," sagt Saint. Germain) Energien, die ich aufnehmen und hiermit weiterleiten darf.

Ich sende ebenso all jenen meinen Dank, die mir ihren Spiegel zeigen und dadurch meine Transformationen kraftvoll dynamisieren.

Widmung

Dieses Buch ist allen Lichtträgern gewidmet, die ihre Kraft, ihr Wissen, ihre ganze Liebe und Hingabe dem Aufstieg der Menschheit schenken. Mögt ihr euch – auch durch diese Zeilen – mit mir verbunden fühlen.

Insbesondere widme ich es all den lichtvollen geistigen Führern, die uns meisterlich vorangehen und durch eigene tiefe Prozesse, Klärungen und Wandlungen den Weg bereiten für alle, die nach ihnen kommen.

Taucht ein in dieses Feld, in diesen Raum des SEINS, den ich gemeinsam mit allen unverkörperten Wesen und Welten erschaffen habe, und fühlt euch umfangen, getragen, bereichert, geliebt, und oder auch inspiriert.

Wir sind EINS im ewigen Schwingen des SEINS.

In diesem Sinn wünsche ich allen Menschen, die mein Buch mit dem Herzen lesen, dass sie mit jeder Faser ihres Körpers die Wellen der Übertragungen empfangen, dass die Wort-Bilder vor ihrem inneren Auge plastisch entstehen und die bildhaften Darstellungen zur Nachahmung anregen.

Andrea Kraus

„Erzengel Michael", Öl auf Leinwand (40 x 50 cm), A. Kraus 2008

Ode an die Meister

Gewidmet all jenen,
die nicht ruhen, zu erkennen,
die erforschen ihr SEIN,
die nicht ermüden, zu durchdringen
der Illusionen Schein.

Die lichten Herzens
ihre Bahnen ziehen,
selbstlos und mutig
für viele andere stehen.

Die Meister des Lichts,
sie gruben so tief,
dass sie manchmal ihr Heilsein,
ihr eigener Schein verließ.

Euch,
ihr lieben und wertvollen Seelen,
sollen die Diamanten des EINEN
niemals mehr fehlen!

Andrea Kraus

Inhalt

Vorwort

Ich habe eine Kerze angezündet und empfange jetzt meine geistige Familie, mit deren Beistand ich mich an dieses neue Buchprojekt wage.

Und ja! Ich empfange auch dich, liebe Leserin, lieber Leser, die/der an diesem Buch gottlob nicht vorbeigekommen ist und nun gespannt auf die Eröffnung seiner Geheimnisse wartet.

Ich habe einen tollen Plan kreiert, der mir als Leitfaden dienen wird.

Alles ändert sich – das ist gewiss! Und so wird sich auch dieser Inhalt so oft wandeln und verändern, wie ich mich selbst in der Zeit der Erschaffung des Buches verändern werde.

Ich bin seit vielen Jahren „Kanal" für Energien, und so habe ich die Texte verfasst, die in diesem Moment meinen Filter passieren. Die Botschaften empfange ich per Intuition, als Gefühl, in Bildern oder einzelnen Wortsequenzen, und sie ergeben erst im Zusammenfluss der Texte einen tieferen Sinn.

Nun – die Wahrheit ist vielschichtig und individuell, und alles ist gut so, wie es ist.

Wenn du spürst, dass du mit den Inhalten in Resonanz bist, dann nimm sie an, und andere Inhalte, mit denen du dich nicht identifizierst, lässt du einfach wieder los. Ich kann dir jedenfalls versichern: Alle Botschaften wurden in einer einzigartigen Energiequalität verfasst. Du darfst dich entscheiden, dies zu fühlen und durch dich fließen zu lassen.

Mit der Unterstützung meines Seelenengels und der unverkörperten Reiche möge es nun ein Leichtes sein, alle wertvollen Erfahrungen aus den Jahren meiner Praxistätigkeit, des Naturheilkundestudiums, meiner Heilarbeit und der eigenen zahlreichen Prozesse, Studien und Lichtkörpersymptome zu Papier zu bringen. Dieses Buch soll ein praktischer Ratgeber sein, der dir in jeglicher Weise als Hilfestellung und Wegweiser dienen mag. Die Inhalte sind so verfasst, dass sie jeder sofort in die Tat umsetzen kann. So sei es!

Sehen wir, ob es mir gelingt, dich, liebe Leserin, lieber Leser, zu inspirieren, zu begeistern und dich so wieder an dein Heilsein zu erinnern. Denn noch niemals gab es solche Möglichkeiten, wie wir sie heute kennen. Uns stehen unbegrenzte Potenziale zur Verfügung, mit deren Hilfe wir virtuos agieren, empathisch forschen und alchemistisch alle Energien transformieren können. Das Energiesystem der Erde wird durch den Zeitenwandel hindurch und darüber hinaus aus den kosmischen Räumen täglich mit neuen Frequenzen versorgt, sodass jetzt eine leitfähige Matrix zur Verfügung steht, die alle energetischen Verfahren ideal unterstützen kann. Die Palette ist sehr umfangreich. Unserem freien Geist sind keine Grenzen gesetzt – außer die, die wir selbst noch eine Weile festhalten wollen.

Jahrelang verbrachte ich mit verschiedenen Ausbildungen und später mit Einweihungen, Ayurveda, Massageanwendungen, Reflexzonentherapie, Psycho- und Kinesiologie, Akupunktur, Klangtherapie, Elementenlehre, Aura, Chakren, Radionik, energetischen Kreisläufen, Kristallen, spiritueller Heilarbeit, dem Kristallkörperprozess und schließlich mit der Quantentransformation. Nahezu täglich empfange ich neue Techniken und Verfahren für die Arbeit mit Energien. Ich habe mich dabei oft gefragt, wer das alles jemals anwenden soll...

Doch meine Seele ließ mich nicht ruhen, und ich war bereit und genügend inspiriert, sehr vieles davon an mir selbst, an meiner Tochter, an meiner größeren Familie und schließlich an unserem Kater auszuprobieren – durchaus erfolgreich. Klar, auch meine Klienten standen mir immer wieder gerne zur Verfügung – wussten sie doch, dass sie mit den zahlreichen Übertragungen immer einen großen Schritt vorankamen. Vielfach hieß es dann: „Mach nur, ich vertraue dir voll und ganz." Das war bereits die wichtigste Öffnung für die betreffende Seele.

Nun, ich möchte dich, liebe Leserin, lieber Leser, nicht auf die Folter spannen und fortfahren, dir all das zu zeigen, was du jetzt in Ausrichtung auf die „Neue Zeitperiode" nutzen kannst, um deine eigenen Symptome zu lindern oder auch deinen Klienten zu helfen. Unsere Hilfe wird gebraucht – mehr denn je! Auch wenn es hin und wieder Stolperer und Ausrutscher gibt auf dem Weg, die einzig und allein dazu dienen, bestimmte Informationen und Frequenzen zu integrieren, Kurskorrekturen vorzunehmen oder uns in eine andere Ausrichtung zu bringen – letztendlich geht es um die Verwandlung des Großen Ganzen.

Daher, liebe Meister (damit sind alle Wesen gemeint, die auf dem Weg sind, sich selbst zu ergründen), seid euch im Klaren darüber, dass es euch nicht alleine so ergeht. Wir alle durchlaufen zunächst mit mehr oder weniger Schwierigkeiten diese Prozesse, um unseren menschlichen Brüdern und Schwestern ein leichteres Vorwärtskommen zu ermöglichen („Die Parabel vom hundertsten Affen..."). Schließlich werden wir uns vollständig zurückerinnern an unser EINS-SEIN im Hier und Jetzt, an unser gigantisches Schöpfertum – das ist unser Geschenk. Wege ohne aufwirbelnde Prozesse sind schlichtweg eine Illusion, denn die Energien wollen tanzen, fließen, sich bewegen und stehen niemals still.

Wie sagt Tashira Tachiren in ihrem Buch „*Der Lichtkörperprozess*" so schön:

„*Ich entscheide mich dafür, in einer Realität zu leben, in der der Planet Erde durch Freude und Lachen in die Lichtdimensionen aufsteigen wird.*"

So sei es.
Andrea Kraus

♥♥♥

Kapitel I

Einführung

Die Zeitenwende

Die Menschheit und der Planet Erde sind seit 1987 – der Harmonischen Konvergenz – auf dem Weg in eine neue Zeit, in eine neue Welt. Unsere Erde und WIR – die Menschheit – entwickeln uns von der dualen Wahrnehmung der Dritten Dimension in das EINS SEIN oder das Einheitsbewusstsein der Fünften Dimension. Damit wird der Zugang für die multidimensionale Verbindung und Wahrnehmung in uns wieder freigelegt.

Im Zuge dieser Zeitenwende – vom vorangegangenen Fische- in das Wassermannzeitalter –, in das die Menschheit und die Erde bereits seit über zwanzig Jahren eingetreten sind, verändern wir und unsere Welt uns dramatisch. Dem Bewusstseinswandel folgt schließlich die Transformation des physischen Körpers und endlich auch die des gesamten Umfelds. Doch das ist vielleicht zu linear erklärt, weil ALL-ES zur gleichen Zeit passiert – auf verschiedenen Ebenen.

„Geist herrscht über die Materie" lautet eines der kosmischen Gesetze, die Hermes Trismegistos, genannt Thoth, auf die Smaragdinas (die Smaragdtafeln) bannte, die unabhängig von Glauben oder Verstandeswissen wirken.

Der Zeitenwandel begann jedoch bereits um 1875 mit den spirituellen Lehren der alten Mystiker, den Theosophen zum Beispiel, die als Erste Botschaften der Geistigen Welt empfingen und diese in geschriebener Form der Menschheit hinterließen. Helena Blavatsky, Annie Besant, Charles Leadbeater und später Rudolf Steiner sind die bekanntesten Vertreter.

Rudolf Steiner entwickelte damals aus der deutschen Sektion der theosophischen die anthroposophische Gesellschaft.

Namhafte Künstler, Schriftsteller und Wissenschaftler standen in Verbindung mit der theosophischen Lehre, sodass diese Bewegung im geistigen Leben jener Zeitepoche eine signifikante Prägung hinterlassen konnte. Viele Bücher und Lehren sorgten für großes Aufsehen. Die Reaktionen auf ihre Texte und Botschaften erzeugten – ähnlich wie heute – gespaltene Lager.

Nun – seit dieser Zeit leben wir in der Periode, die auch als das „Ende der Zeit" und der Beginn des neuen „Goldenen Zeitalters" bekannt ist.

Wir spüren mittlerweile sehr deutlich, dass etwas mit uns und mit der Erde geschieht, doch die meisten Menschen können es sich nicht wirklich erklären. Über die Mainstream Medien wurde bisher nichts an Aufklärung herausgegeben, doch es gibt unzählige Internetseiten, Blogs oder spirituelle TV-Sender, Channelings, Bücher und dergleichen, die uns in dieser Periode des „Warum" und „Wieso" weiterhelfen können.

In verkürzter Darstellung erläutert, heißt das:
Es findet ein gigantisches kosmisches Ereignis statt, in dem bis zum 21. Dezember 2012 innerhalb einer besonderen, einmaligen kosmischen Konstellation ein Gamma-Ray (ein hochfrequenter Strahl undifferenzierten Lichts) aus dem „Galaktischen Zentrum" – der Zentralsonne Alcyone – auf den Sirius trifft und von dort unsere Sonne und schließlich unseren Planeten einschließlich aller Lebewesen erreichen wird. Im Zuge dieser mächtigen Energieeinstrahlungen bieten sich Möglich-

keiten zu großartigen Transformationen. Nur – die speziellen Energien sollten von uns Menschen empfangen werden! Das heißt: Jedes Lebewesen, insbesondere der Mensch, muss sich körperlich, seelisch und geistig auf diese Frequenzen vorbereiten, sonst läuft er Gefahr, die Lichtströme nicht ertragen zu können. Die Erde und mit ihr die Menschheit ist mittlerweile im Begriff, innerhalb dieses besonderen Zeitfensters das größte Dimensionstor aufzustoßen. Damit können sich alle erwachten Wesen und die Erde in große Ausdehnungen begeben und sich für die multidimensionale Verschmelzung qualifizieren. Das bedeutet ferner, dass WIR schließlich wieder die Verantwortung für den Planeten Erde übernehmen und nach einer Reihe körperlich-seelisch-geistiger Wandlungen zurückkehren in unser vollbewusstes Sein. Auf einer neuen, restaurierten Erde (nach unglaublichen Prozessen und Umwälzungen, sowohl energetisch als auch physisch) und in regenerierten Körpern reifen wir zu einer neuen planetarischen und später galaktischen Zivilisation heran.

Das passiert bereits – nicht erst 2012.

Wir empfangen diese Frequenzen im Hier und Jetzt! Das Zeitfenster ist jedoch nur bis zu dem genannten Datum offen. Daher wird der 21. Dezember 2012 auch an den meisten vorüberziehen, als wäre (fast) nichts geschehen.

(Viele Bücher beschreiben diese Entwicklungen ausführlich und detailliert, siehe Anhang.)

Keine irdischen Forscher, Wissenschaftler, Physiker oder Astrophysiker können die Vorgänge in ein fertiges Bild setzen.

Niemand kann wirklich prophezeien, was sich bis zu diesem Zeitpunkt ereignet, denn es ist ein Prozess, der sehr viele Variablen enthält. Jedes Wesen ist ein Teil des Großen Ganzen und trägt mit seinem bewussten SEIN, seiner Transformation dazu bei, wie sich das gesamte Schwingungsfeld der Menschheit im Zusammenwirken mit unserem Planeten gestaltet.

Da die „Erde bereits seit einigen Jahren in der Fünften Dimension ist" (laut *„Kristallmensch"* von Sabine Wolf), folgen WIR – die Menschheit – ihr rascher denn je.

Je eher jeder für sich eine klare Entscheidung trifft, desto mehr kann sich das Feld des Gruppenbewusstseins der Menschheit durchlichten und verschmelzen und hat damit die vereinte Kraft und Macht, immer stärkere Lichtwellen aus den kosmischen Räumen zu empfangen. Diese treffen seit Anfang des Prozesses auf die Erde und damit auf unsere Körper und verursachen große Aktivierungen. Nicht immer mit dem Ergebnis der Ausdehnung und Erkenntnis, denn die dichten Energien steigen ebenso wie die lichten Kräfte aus unserer Körper- und Energiematrix auf.

Wir brauchen diesen Raum für die Integration, weil es für uns sonst ein zu mächtiger, zu überwältigender Prozess wäre.

Das Zeitfenster von 1987 bis 2012 steht und stand jedem weit offen. Wir bestimmen selbst den Werdegang und den Raum-Zeit-Punkt unserer Rückführung in das vollständige Bewusstsein. Bis 2012 ist nicht mehr viel Zeit (zumal die Zeit – ein Konstrukt des menschlichen Verstandes – sich merklich „verschiebt" und „schrumpft").

Also ist immer JETZT der richtige Moment, um sich in eine neue Phase der Ausdehnung des Selbst zu begeben.

Wer auf 2012 wartet, hat das Beste bereits verpasst!
Denn 2012 ist JETZT!

Wir sind hier, um aus der Erfahrung der Dichte (über Tausende Jahre hinweg) in die Erfahrung der lichteren Realitäten zu steuern und die Transformationen zu vollziehen. Das war und ist unsere Inkarnationsabsicht.

Wer sollte dies sonst für uns tun?

Wir sind Schöpferwesen im menschlichen Körper. In vielen Vorleben haben wir dafür gesorgt, dass unsere Erfahrungen und Lebenspläne bis hinunter in die tiefsten Abgründe reichen. Jetzt ist der Zeitpunkt, an dem wir sie aus der Versenkung ans Licht heben, um die Wandlung zu vollziehen.

Die Schöpfung kennt keine Polarität, sie ist immer EINS. Wieso fällt es uns nur so schwer zu erkennen, dass sowohl das Gute wie auch das Schlechte, das Dunkle wie auch das Lichte immer ein und derselben Quelle entspringen?

Es bedeutet nichts anderes, als dass wir die dunklen Gefühle, die Schmerzen und Schwaden, die Umstände und Situationen integrieren müssen, sobald sie sich im Körper oder darüber hinaus zeigen. Sonst können wir kaum Fortschritte verzeichnen bei der Rückkehr in das EINS-SEIN, oder wir treten auf der Stelle.

In der hochaktiven Phase der Transformation ist es jedem bestimmt, seinen Weg zu wählen und sich für die eigene Entwicklung zu öffnen. Im Zeitabschnitt bis 2012 sowie direkt am 21. Dezember werden sichtbare und spürbare Veränderungen geschehen, die den vollständigen Übergang in das „Goldene Zeitalter" bestätigen. Viele Seelen werden gehen, sie verlassen bis dahin den Planeten. Andere wiederum bleiben noch eine Weile in den alten Energien „hängen".

Dieses Buch ist für jene gedacht, die wie ich dabei sind und sich von Herzen für den Wandel entschieden haben. Nichts passiert ohne unsere Zustimmung, unsere Entscheidung, da wir als Schöpferwesen selbst agieren und unsere Öffnung beabsichtigen, die Veränderungen annehmen oder eben nicht. Trotzdem wird ES jeden Einzelnen durchfluten. Alle werden deutlich die Folgen der Lichtwellen in ihrem Zellgefüge spüren: als Schmerz, Angst, Depression, Verzweiflung, oder Krankheit, weil sie nicht die Entscheidung für ein freies Fließen getroffen haben und sich weiter verschließen.

Ein kleiner, dennoch nicht unerheblicher Teil der Menschheit ist in der Entwicklung weiter fortgeschritten und wird bis zu jenem Zeitpunkt eine neue, multidimensionale Realität erfahren – das „Goldene Zeitalter".

Du gehörst dazu! Denn du kannst es genau JETZT fühlen.

Ich möchte mit meinen Büchern vielen weiteren Seelen helfen, ihre Tore zu öffnen, um mitzufließen in das wundervolle EINS-SEIN. Sie mögen Hilfe erhalten von uns, die wir viele (nicht alle) der Prozesse, in die sie jetzt erst eintreten, gemeistert haben!

Paradigmenwechsel?

Von Seiten der Gesundheitsindustrie besteht nach vielen Jahren der erfolgreichen geistigen Heilungen und der Beweisführungen darüber weiterhin wenig Interesse, offenzulegen, dass Energie- und Bewusstseinsarbeit die Selbstheilung ursächlich fördern. Dafür gibt es genügend Beispiele, die ich in weiteren Kapiteln aufzeigen möchte.

In Kürze werden wir hier Zeichen und Wunder erleben, denn die Kassen sind leer angesichts einer völlig fehlgeleiteten Gesundheitspolitik, die nur darauf ausgerichtet ist, Krankheiten zu unterdrücken, anstatt sie zu heilen. Damit werden Kaskadenverläufe und riesige Symptomketten erzeugt, denen schließlich – weil undurchschaubar geworden – nur noch mit den stärksten Gemischen (Medikamenten) beizukommen ist. Leiden und Erkrankungen chronifizieren und erfordern in späteren Jahren eine gigantische Mehrbelastung an Arzt-, Therapie- und Medikamentenkosten (gewollt, geplant und vorausberechnet).

Die Gesundheitsindustrie tätigt auch jetzt noch große Investitionen in immer teurer werdende Diagnostikgeräte, wie komplizierte bildgebende Computertechnik, kostenintensive Operationsverfahren und teuerste Medikamente für Bagatellerkrankungen, anstatt die Menschen gezielt und wirksam in der Prophylaxe und in ihren Selbstheilungsprozessen zu unterstützen.

Warum werden Patienten viel zu oft mit zerstörerischen Röntgenstrahlen bombardiert? Die Ärzte sind darauf getrimmt, weil das Röntgen gut bezahlt wird. Das können selbst die Schwestern übernehmen. Gutes Geld hat manchem dabei längst die Augen und Ohren verschlossen und hält sie fest unter der künstlichen Glocke, die von Vater Staat, den Pharma-Unternehmen wie auch von der Schulwissenschaft täglich fester angedrückt wird. Da fällt „Glauben" leicht, und „Wissen" findet Bestätigung.

Weiterhin bekommen Patienten in der Regel von ihren Krankenkassen kaum Möglichkeiten und Informationen, damit sie sich jederzeit selbst helfen können. Naja – von Yoga-Kursen und Nordic Walking einmal abgesehen. Klar würde so der Profit empfindlich geschmälert – nicht nur der der Medizingeräteindustrie und der flankierenden Unternehmen, sondern auch der der Ärzte. Große Umverteilungen und Einsparungen wären dennoch möglich.

Allein mit dem Fach „Gesundheitserziehung" in der Schule und später frei zu belegen bei der Krankenkasse (mit entsprechend angemessener Beitragssenkung) könnten sich Kostensenkungen im mehrstelligen Millionen-, ja, vielleicht Milliardenbereich ergeben. Nun – ich habe es grob(!) überschlagen. Die Aufrechnung überlasse ich denen, die sehr gut dafür bezahlt werden! Diese Gesundheitskurse könnten von einem naturheilkundigen Arzt oder Heilpraktiker oder eigens dafür ausgebildeten Lehrer gehalten werden.

Wie schnell würde die Nation gesunden und die Menschen sehr viel bewusster mit ihrem Körper, ihrer Seele und dem Geist umgehen, wüssten sie, dass jede Zelle aus reiner Energie besteht. Wir würden uns mehr darum kümmern, vital zu sein und uns ausreichend zu erholen, statt nur die Konten zu füllen und in unseren Wohnungen technischen und elektronischen Unrat anzuhäufen. Wir würden uns viel öfter eine schöne Massage oder eine tiefe Meditation gönnen und wären selbst körperlich aktiv, anstatt darauf aus zu sein, an kulturellen oder sportlichen Highlights passiv teilzunehmen.

Es wäre heilsam, würden wir mit der ganzen Familie die Natur durchstreifen und unseren Lieben erklären, wozu dieses und jenes Kräutlein gut ist und uns von den Vogelstimmen verzaubern lassen. Eher sind viele bemüht, die „Quälgeister" möglichst pünktlich zu Ferienbeginn bei Oma und Opa abzuliefern oder ihre Freizeit durchzuorganisieren, bis keine Minute mehr unausgefüllt ist. Dies dient in diesen Zeiten nicht einmal mehr der späteren Karriere. Die Kinder werden mit einem Leistungsdruck konfrontiert, der ihrer Entwicklung eher entgegensteht, als dass er nützt.

Kinder in der alten Weise zu programmieren und sie mit allen Mitteln auf „die richtige Bahn" zu bringen, entspringt nicht dem Herzen und ist unhaltbar in den hohen Frequenzebenen, die wir gerade durchlaufen. In den hochenergetischen Zeiten der Dimensionsverschiebung sind diese Kinder womöglich dazu verdammt, in das Gegenteil von all dem abzugleiten, was wir uns für sie wünschen.

Bekommen die Kids vielleicht gerade noch mit, wie viel Geld Papi verdient... was nützt es ihnen, wenn dieser ständig arbeitet? Sie erfahren täglich, dass Arbeit stressig ist und selten Spaß macht (hauptsache, das Konto ist gefüllt). Oft bleibt keine Zeit für Familie und BeisammenSEIN. Doch Kinder brauchen für einige Zeit die Nähe, die Liebe und die Aufmerksamkeit der Eltern, so lange, bis wir sie dann loslassen können und müssen.

Sie haben nichts von Müttern und Vätern, die sich sowohl materiell als auch ideell nicht von ihrer Arbeit trennen können und sich trotz physischer Anwesenheit in innerer Abwesenheit unbewusst distanzieren.

Letztlich verarmen die Menschen in allem zivilisierten Reichtum immer mehr am Wichtigsten – an ihren Gefühlen. Dort liegt die Hauptursache aller frühen und späteren Leiden.

Im FÜHLEN liegen jedoch auch Erfüllung und Heilung.

Doch die Neuen Kinder sind nicht dumm! Mittlerweile von Indigo-Eltern gezeugt, beginnen sie als Kristall-, Regenbogen- oder Sternenseele schon bald das Spiel zu durchschauen und uns Erwachsenen gnadenlos alle ungeheilten Aspekte zu spiegeln. Und nicht nur das: Sie sind in erster Linie gekommen, um uns „Alten" beim Verlassen der Festgefahrenheit und der überholten Lebenskonzepte, ja, des gesamten alten Inkarnationsspiels behilflich zu sein. Daher sind sie so oft krank, überdreht, unkonzentriert, aggressiv, wütend und fordern mit Macht die Aufmerksamkeit der Eltern oder gleich die der ganzen Gesellschaft. Wir erleben es längst tagein, tagaus: Amoklauf, Depression, Drogenexzesse, Würgespiele mit tödlichem Ausgang, diverse Süchte usw.

Doch was passiert wirklich? Sie alle leiten seit Jahren alte, destruktive Energien der Menschheit durch ihre Körper aus. Statt zu erkennen, dass es dringend an der Zeit ist, notwendige Veränderungen im eigenen Leben vorzunehmen und damit eine neue Ordnung zu bewirken (= Heilung), werden sie von den Eltern zu den Ärzten gebracht. Die sollen es richten.

Ihr habt es sicher längst begriffen und an euch gearbeitet, um euren Kindern genau so zu helfen. Viele der Nachfolgenden sind vielleicht zu interessanten, vielschichtigen und wachen jungen Erwachsenen gereift. Sie mögen Ecken und Kanten haben, doch das macht sie authentisch, charismatisch – und eben darum sympathisch, nicht wahr? Sie sind an Körper, Geist und Seele weitestgehend gesund, und ihr habt ihnen vermeintlich von Herzen unzerstörbare Werte vermittelt...

Alle anderen spiegeln uns nach wie vor diese Themen, leiten sie aus und dienen so – als große Meisterwesen – der Menschheit (und damit auch ihren Eltern). Wir sehen sie noch eine Weile im Drogensumpf, im Alkoholrausch, in Süchten und Exzessen, in Persönlichkeitskrisen..., und wir sind gut beraten, wenn wir mit viel Mitgefühl ihr Aufbäumen (Amok, Revolten, Überfälle, Demos, Partys) und auch ihre Zusammenbrüche (psychisch, emotional und physisch) annehmen. Selbstverständlich können WIR uns jederzeit entscheiden, ihnen zu helfen!

Nur indem wir uns selbst helfen, verändern auch sie sich!

Der Paradigmenwechsel ist auf breiter Ebene in vollem Gange. Lasst uns atmen und gelassen das Spielfeld im Auge behalten. Dann sind wir gewappnet für den großen Ansturm.

♥♥♥

Lichtkörpersymptome

Was um alles in der Welt sind nun wieder Lichtkörpersymptome? Klar, die meisten wissen es längst.

Sie zeigen sich jetzt, weil sich unser Lichtkörper ausbildet, spürbar auch im physischen Leib. In der Zeit der großen Umbrüche, der Übergangsphase in die Fünfte Dimension, muss unser Körper alle Energien durch sich hindurchleiten und integrieren. Kraftvolle Ströme aus dem Kosmos treffen täglich, ja, stündlich auf die Erde. Sie bahnen sich ihren Weg durch alle Strukturen bis hinein in jede Zelle, um sie zu durchlichten, aufzuschwingen. Wir lassen sie ein und weben daraus unseren neuen Lichtkörper. Gleichzeitig öffnet sich durch diese Lichtkraft alles Dunkel vieler Menschenleben, das in der Erde, in unserem Leib sowie in den Auraschichten gespeichert ist. Uns durchziehen in dieser „Endzeit" enorme Mengen an dichten, parasitären, emotionalen oder mentalen Energien. Die Altlasten Schmerz, Krankheit und Angst wollen und müssen sich durch unsere Physis transformieren. Epidemien, flächendeckende Erkrankungen, symptomatische Beschwerden aller Art erscheinen nur zu einem Zweck: Sie möchten im senkrechten Fließen entlassen werden. Es ist an uns, die Symptome und Beschwerden nicht festzuhalten, sondern durch Gewahrsein für raschen Durchfluss zu sorgen, damit die Umwandlungen vonstatten gehen können. Die lichten Kräfte stoßen jedoch in uns auf Widerstände, werden unterdrückt und am Weiterkommen gehindert. Meist finden sie nur einen winzigen Durchgang, wo sie eine große Öffnung suchten. Das verursacht Schmerzen in den Knochen, in den Geweben oder Organen und besonders im Herzen.

Viele spüren nun die sogenannten Lichtkörpersymptome in verstärktem Maße und werden selbst durch die „bewährte" Medizin oft keine Linderung erfahren, da die Gesundheitsindustrie – im alten Gefüge steckengeblieben – noch auf der niederen Dimensionsebene schwingt, also reagiert und repariert.

Patienten kommen zu den Ärzten, fühlen sich schlecht, haben Schmerzen oder Beschwerden und erhalten vielleicht eine Diagnose, die diesen Zustand in keinster Weise rechtfertigt. Oder sie fühlen sich sehr gut und sind vital, aber ihr Arzt stellt ihnen allerschlimmste Prognosen. Sie laufen dann von einem Mediziner zum anderen und bekommen im besten Fall drei völlig verschiedene Diagnosen. Die Erkenntnis, dass der Mensch die Verantwortung für seine Symptome nicht abgeben kann, kommt selten.

Auf der anderen Seite ergeben computergestützte Auswertungen immer öfter keinen Sinn mehr, weil alle elektronischen Systeme mit der alten Ebene verbunden sind und demnach genauso zusammenbrechen wie die alte Realität. Sie wurden erschaffen, als das Magnetfeld der Erde noch stabiler war, beziehungsweise als man die Verfahrenstechniken auf der Grundlage alter Parameter und wissenschaftlicher Gesetzmäßigkeiten erforschte, die jahrzehnte- oder jahrhundertelang Geltung hatten. Bis jetzt.

Doch das ist vorbei. Wir erleben den alltäglichen Wahnsinn, der uns durch die Nachrichten oder Zeitungen hereinflattert. Vielfach ertönen von den verschlafenen Geistern die Unkenrufe: „Och, das gab es doch immer schon...!"

Einzig und allein deswegen, weil wir uns daran gewöhnt haben, nehmen wir es sang- und klanglos zur Kenntnis. Abends dann – entspannt auf dem Sofa – speichern wir die Bilder des Mordes, der Gewalt, des Todes, der Misshandlung, der Verzweiflung, der Angst und des Schmerzes in unserem Gedächtnis und nehmen sie zum Kuscheln mit ins Bett.

Folgt die Herde Schafe nicht immer ihrem Hirten? Ja, sie folgt, leider in demagogischer Verführung der Politik, in Verblendung durch die Medien, dem nervenaufreibenden Thriller „Tatort Leben" und in Ermangelung eigener geistiger Erkenntnisse den Irrwegen des Egos. Da gibt es tatsächlich Menschen, die noch normal schlafen können...

Wie, um Gottes Willen, machen die das bloß?

Wenn Energien und Felder immer stärker aufeinandertreffen, ist das schließlich nicht mehr nur im Körper zu spüren, sondern in allen Bereichen unseres Seins. Im mentalen Erleben sieht das etwa so aus, dass wir plötzlich Worte vergessen, ganze Sätze, Zusammenhänge. Es zeigen sich Erinnerungslücken und Wortfindungsstörungen. Wir vergessen mitunter Raum und Zeit, „verpennen" Termine und Verabredungen. Wir schlafen schlecht oder unruhig, haben wilde Träume und es infolgedessen schwer, uns wieder auf die (dreidimensionale) Wirklichkeit einzulassen. Immer häufiger erleben wir in unserem Umfeld Wutausbrüche, Aggressionen und Gewalt oder Neigungen zu Mord und Selbstmord. Es wird uns zusätzlich durch die Medien gespiegelt.

Herzrhythmusstörungen sind an der Tagesordnung, Schmerzen in der Brustgegend, die an einen Infarkt erinnern. Wir haben das Gefühl, dem Druck nicht mehr standzuhalten, und spüren das ganzkörperlich als hohen Blutdruck und gelegentlich als Schwindel.

Tagelang Migräne oder Verdauungsstörungen plagen uns, obwohl wir vielleicht unsere Lebensgewohnheiten gar nicht gravierend verändert haben. Eventuell kommen Zwangsvorstellungen, Ängste, Wut, Depression und Stimmungsschwankungen hinzu. Wir wachen auf, sehen verschwommen und meinen: „Das muss wohl das Alter sein", was wir natürlich häufig von „unserem" Leibarzt bestätigt bekommen. Es zeigen sich seltsame Unverträglichkeiten, die eine allergische Disposition vermuten lassen, wir bekommen juckende Hautausschläge, Kribbeln in den Gliedmaßen und glauben, wir wären vergiftet, haben Tierchen in uns oder andere Belastungen.

All diese Lichtkörpersymptome sind jedoch die Boten unserer Ausdehnungen in die höhere Schwingung.

Jeder Körper hat eine spezifische Frequenz. Der Prozess, in dem sich alle Menschen bereits befinden, läuft darauf hinaus, diese Frequenz zu erhöhen. Das schaffen wir in dieser Zeit nicht mehr in der alten Weise mit Sport, gesunder Ernährung, viel Wasser trinken, an der frischen Luft sein und positiven Affirmationen, sondern über unser Ankommen in uns selbst und mit Hilfe neuer, geistiger Werkzeuge. Das bedeutet nicht, dass eine gesunde Lebensführung ohne Belang ist, in Anbetracht der komplexen Aufgaben wird ihr jedoch eine untergeordnete Rolle zuteil. Unser Bewusstsein erfüllt hier mehr und mehr den ganzen Raum – unser Erinnern, Erkennen und Fühlen, worauf ein tiefes „Wissen" folgt.

Erst wenn wir unsere unzähligen erwählten Lektionen gemeistert und alle Erfahrungen integriert haben, kann sich schließlich auch der Körper durchlichten. Das hat zur Folge, dass wir heiler und vollkommener werden. Mit dem vertikalen Atem und dem Gewahrsein im Herzen öffnen wir uns weit für das Einfließen höherer Lichtenergie und gleichzeitig für eine Verschmelzung von Körper, Geist und Seele mit den gemiedenen, verlorenen und verleugneten Aspekten – UNSEREM DUNKEL. Wir empfangen mit den Lichtwellen die Ursubstanz unseres SEINS – göttliches Licht und göttliche Liebe. Gleichzeitig öffnen sich die Kanäle weit, um all das herauszukehren, was noch nicht in Ausrichtung damit ist.

Tief in unserem Herzen sind wir in Verbindung mit Allem-was- ist – mit der Quelle, von der wir uns so weit abgetrennt hatten. Nur an diesem Punkt können wir als Schöpferwesen alle Dunkelheit annehmen und wandeln. Wir haben hier die Chance, zu erkennen und zu fühlen: Dunkel und Licht sind EINS! So lange wir nun alles Gegensätzliche des Lichts verleugnen, werden wir es tief in unserem Gefüge spüren – als Symptom, unangenehme Gefühle, quälender Schmerz, Stau, Druck, Hitze, Kälte, Krankheit – eben als Lichtkörpersymptome.

♥♥♥

Du bist nicht krank – du steigst auf!

Krankheiten, Prozesse und Lichtkörpersymptome sind in dieser Übergangszeit so „normal" wie das Ein- und Ausatmen, aber sie können uns trotzdem heftig zusetzen. Es sind alte Themen, die wir aus den Zellen, aus den Organen ausleiten, die ihre Wurzeln manchmal noch sehr tief in vergangenen Inkarnationen haben und weiter in den Vorfahren und Ahnenlinien.

In der Tat werden die Symptome nach einer Weile schwächer und klingen ganz ab, denn sie sind das Resultat der zellulären Reinigung und Entgiftung, während der Körper sich auf sein neues Frequenzspektrum einschwingt.

Krankheiten, die wir heute tragen, bergen unsere Begrenzungen und die Thematiken der Abtrennung. Sie kommen zu uns, wenn wir bereit sind, sie zu empfangen. Das bedeutet nicht, dass wir sie auch weiter tragen müssen! In der Ausrichtung auf unser Wohlbefinden und unser Heilsein dürfen wir diese Energien mit unserem bewussten SEIN wandeln und damit erlösen. Das können wir wieder und wieder tun, indem wir unser Herz öffnen und annehmen, was sich zeigt. Wir transformieren diese Symptome, wenn wir unseren Fokus nicht auf Therapie, Behandlung oder Beseitigung der körperlichen Erscheinungen legen, sondern auf uns selbst, auf unser Fühlen, unser HEIL-SEIN, auf das freie Fließen im Strom unseres Herzlichtes.

Je mehr wir uns bemühen, die verschiedenartigen und komplexen Krankheitsstrukturen zu erkennen, zu studieren und zu behandeln, legen wir eine direkte Leitung zum Abfluss wertvoller Energie dort hinein.

Was passiert? Alles, worauf wir unsere volle Aufmerksamkeit richten, wird wichtig und mächtig, bis zu dem Zeitpunkt, an dem wir das alles nicht mehr allein bewerkstelligen können.

Dann schlägt die Gesundheitsindustrie erbarmungslos zu. Sie untermauert die Thesen, erklärt sich in spektakulären, gefährlich klingenden Diagnosen und nutzt die alte bestehende Macht-Matrix der Ärzteschaft mit ihren bedeutungsvollen Detailkenntnissen, ihrem Fachlatein und ihrem komplexen Wissen, um die Beschaffenheit von Verfall und Krankheit, ohne(!) bis heute an den Punkt der wahren Ursachen gelangt zu sein.

Was passiert mit uns in diesem Szenario? Wir werden operiert oder bekommen Tabletten und Pülverchen, Therapien und gegebenenfalls auch einmal eine Kur – wobei diese das weitaus geringere Übel darstellt.

Fühlen wir uns damit besser?

Ja und Nein! Es hängt wiederum ganz von uns selbst ab. Sind wir in der Lage, aufgrund unseres Bewusstseins die größeren Zusammenhänge zu erfassen, können wir uns von alldem unabhängig machen.

Meine Darstellungen aus spiritueller Sicht zielen nun keinesfalls darauf ab, dass niemand mehr zu „seinem" Arzt oder Apotheker gehen soll! Jeder trägt in Wahrheit selbst die Verantwortung für seine Krankheiten. Nehmt euch einfach diesen Satz zu Herzen!

Manchmal liegt darin ein Paradox. Sind die Menschen

weiter mit der Ebene der Gesundheitsindustrie „verbandelt" und verwoben, kann ihnen das im Ernstfall sehr wohl dienlich sein, weil sie an die Götter in Weiß glauben – jahrzehntelang geglaubt haben (und von allen Vertretern und Verdienern des Systems in diesem Glauben vielfach bestärkt wurden, sodass längst ein Massenglaube daraus wurde). Doch dies wird sich rasch ändern, nämlich synchron dazu, wie Menschen erwachen und sich an ihre wahre Größe erinnern.

Selbstverständlich wird es gerade in diesen Zeiten immer wieder Situationen geben, in denen keine andere Wahl bleibt als die Hilfsteams zu bemühen. Denken wir nur an die unzähligen Opfer vieler Katastrophen.

Es steht außer Frage, dass wir deren Hilfe noch lange Zeit in Anspruch nehmen. Was ich hiermit meine, sind eher die Alltagssituationen, in denen wir es mit „Symptömchen", aus denen später Symptome und schließlich handfeste Symptomkomplexe werden, zu tun haben.

Wurde in solchem Fall einmal die Entscheidung für die alten Systeme getroffen, empfehle ich jedem, dabei zu bleiben. Denn wer zweifelt, ist noch nicht stark genug in seiner neuen Überzeugung und Ausrichtung. Es könnte daher leicht das Gegenteil von dem passieren, was sich mancher so dringend erhoffte.

Gehen wir nun aber den Weg der „Neuen Energie", werden wir mehr und mehr erkennen, dass „Krankheit" nichts anderes ist als ein Schwingungsabfall der physischen Strukturen. Verursacht wird dieser – wie bereits erwähnt – durch das aufsteigende Dunkel, dichte Frequenzen, die wir passieren lassen.

Es gibt viele Wege, die Physis wieder aufzuschwingen und sie energetisch zu unterstützen, damit sie sich neu ordnen kann. Der Königsweg führt immer in und durch unser Herz. Indem wir annehmen, was wir fühlen, gehen wir bereits den ersten Schritt in Richtung Heilsein.

Was passiert bei einer Energieübertragung?

Die geistige Sphäre – also Meister, Engel, Wesen, sind im Prinzip energetische Matrixen (Felder) unseres kollektiven Überbewussten, auf die wir – mit entsprechend geöffnetem Herzen und in erweitertem Bewusstsein – jederzeit zugreifen können.

Diese besonders hochgeordneten Strahlen oder Felder treten bei der Heilarbeit in den Kanal des Überträgers ein, um das Energiefeld des Klienten aufzuladen. Es werden in diesem Moment kleinste Energieteilchen von hoher Frequenz übertragen, die die Wissenschaft unter anderem auch als Biophotonen bezeichnet.

Die Energien transzendieren in das Feld und in die Chakren des Klienten und dringen bis in jede Zelle des physischen Körpers vor, ja, beeinflussen selbst die DNS (entsprechend der Übertragungsrate des Heilers und der Öffnung des Klienten). Die Zellen, und damit die spiralförmige DNS (Antenne), besitzen ebenso magnetische Felder, die mit den eingestrahlten Energien interagieren. Die Körperintelligenz und die hohe Seele des Menschen sowie der große Geist (nicht der Heiler) entscheiden nun, wie diese Energien integriert und welche Prozesse dadurch ausgelöst werden.

Je mehr die Heiler im Herzgewahrsein arbeiten, umso stärker und vielschichtiger sind ihre Übertragungsraten der Biophotonenteilchen, und umso höher kann die Veränderung bis hinunter auf DNS-Ebene erfolgen.

Natürlich gibt es dabei Widersacher! Kaum „zu Hause" angekommen, versuchen nun die eigenen Schatten und das Massenbewusstsein, die DNS wieder umzupolen.

Haben wir alle schon erlebt, nicht wahr?

Bleibt der Klient oder der Empfangende bei sich selbst und richtet sich auf seine Genesung und Entwicklung aus, umhüllt ihn ein schützendes Feld, das es ihm ermöglicht, alle Energien einzubauen und schließlich den Prozess abzuschließen.

Die Entscheidung für Schulmedizin, alternative Heilkunde oder spirituelle Energiearbeit liegt jedoch bei jedem selbst.

Früher hieß ein geflügelter Satz: Nur in einem gesunden Leib wohnt ein gesunder Geist! Heute hat die Aussage gerade im umgekehrten Sinn (die Welt steht Kopf – Polwechsel) eine weitreichende Bedeutung!

Ein gesunder Geist herrscht über den gesamten Leib, denn alles ist Energie.

Jetzt geht es darum zu erkennen, welche Macht in unseren Händen liegt, alle diese Symptome – vielleicht nicht immer sofort, aber doch in absehbarer Zeit – zu wandeln und damit den Prozess und unser SEIN zu meistern.

Wohin „steigen" wir?

Wir steigen nicht wirklich auf, sondern kehren zurück an den Ort eines höheren Herzgewahrseins, in ein Quantenfeld, das unaufhörlich mit der Energie der Quelle gespeist wird. In Wahrheit war dieser Ort niemals verloren oder verschwunden. Er existierte in all den Zeiten und Räumen, um sich für diejenigen zu offenbaren, die den Weg auf sich nehmen wollten. So kamen wir viele Inkarnationen lang auf die Erde, um die Räume des Lebens und die Wege zurück zur Quelle zu erforschen. Viele Male trug uns der Tod dann doch über die letzte Stufe, weil wir zu dieser Zeit noch nicht den endgültigen Aufstieg geplant hatten, sonst wären wir heute nicht hier! Wir wollten das Sein in der materiellen Welt bis ins Detail erleben, haben uns immer neue, schillernde und spektakuläre Lebenspläne ausgearbeitet und sie jedes Mal in die jeweilige Inkarnation hineingebracht. Denn wir wollten vor allem Tausende Jahre lang leben – nicht SEIN. Aus dem Raum des SEINS kamen wir ja gerade und würden dorthin jederzeit zurückkehren, wenn es denn unsere Inkarnationsabsicht wäre.

Natürlich kam uns Gevatter Tod zu Hilfe, der es uns ermöglichte, immer wieder das Spielfeld zu verlassen und uns im Licht des Einen von allen irdischen Anstrengungen zu erholen, bevor wir uns in neue Abenteuer stürzen würden.

Ich lasse hier gerne Saint Germain zu Wort kommen, der mich für diese Zeilen vollkommen mit seiner Präsenz erfüllt.

Inspiration mit Saint Germain

„Hallo, ich grüße euch, ihr geliebten Wesen der irdischen Familie. Ich bin Saint Germain und komme, um euch einige neue Ideen und Sichtweisen zu vermitteln.

Wohin geht euer Weg? Wofür habt ihr jahrelang geschuftet und gelitten, könnte ich jetzt auch fragen, weil ich schließlich den Überblick habe – hier oben in meiner Loge über den Wolken – auf der Sonnenseite. (lacht herzlich)

Ihr habt es euch unnötig schwer gemacht, meine Lieben. Und ihr tut es noch.

Wozu „arbeitet" ihr immerfort an euren Themen, an euren Problemen? Das ist schwere, dichteste Energie. Ist es doch so, dass ihr bereits all das seid, was ihr anstrebt. Es ist alles für euch geregelt, und ich sehe, dass ihr euch immer wieder in den alten Mustern verfangt.

Verschmelzt mit dem, was ihr wahrhaft seid und ALL-ES ist getan! Das ist wahre Transformation. Ihr steigt auch nirgendwohin, denn ihr seid längst dort, wohin ihr aufzusteigen wünscht. Auch dies ist eine große Illusion. Erinnert euch jetzt!

Ihr integriert oder verschmelzt vielmehr mit allen Energien der Dualitätsebene. Das bedeutet, ihr werdet EINS mit diesen und transformiert sie dadurch. Schließlich führt euch dieser Prozess in eine größere Ausdehnung, hinein in die Fünfte Dimension.

War euch dies bewusst? Ihr könnt diese Matrix in Wahrheit gar nicht „verlassen", ihr könnt sie nur vollständig meistern! Damit erschafft ihr den Übergang. Das war von Anfang an euer Ziel. Daher bezeichnen wir die Fünfte Dimension als multidimensional, also vielschichtig. Es liegt auf der Hand, dass darin alle Energien der Dualität verschmolzen sind, nicht wahr?

Da, wo ihr noch nicht loslassen könnt, wo ihr glaubt und meint, statt zu vertrauen, wo ihr euch ängstigt, statt zu lieben, wo ihr kontrolliert, statt euch hinzugeben, dort klebt ihr fest in der alten Realität.

Es ist, wie die vielen Kaugummiflecken auf euren Gehwegen, an denen ihr immer wieder mal hängenbleibt (ein schönes Bild), und gerade wenn ihr durch die heißen Phasen geht, dann kleben diese kleinen, schmutzigen Klumpen an euren Füßen, und je länger ihr auf der Stelle steht, desto länger haftet ihr daran und umso schwerer könnt ihr euch davon lösen. Ist das verständlich?

Ihr seid jedoch durch die Unterstützung der kosmischen Einstrahlungen in der Lage, die letzten Hürden locker zu überwinden und durch eure Selbstbemeisterung in die weitere Ausdehnung – sprich multidimensionale Ebene – zu gelangen. Legt also euren Fokus mehr auf die Dinge, die ihr wahrhaft wandeln wollt, und wisst, es geschieht.

Jeder Gedanke, alle eure Gefühle sind mächtige Werkzeuge, und ihr dürft nicht mehr unbewusst damit umgehen. Legt fest, wie ihr eure neue Realität kreieren wollt, die Neue Erde, die Neue Zeit. Und es wird hereingebracht durch diese Gedan-

ken, Bilder und Emotionen. Seid euch eurer großen Kräfte sehr bewusst und setzt sie zielgerichtet ein. Doch wisst, dass ihr keine Lektionen überspringen könnt. Wollt ihr weiter dramatisch reagieren, dann bitte. Doch so bewegt ihr euch keinen Zentimeter. Denkt an die Kaugummiflecken. Je länger ihr auf der Stelle tretet, umso zäher wird es „unter" euch.

Ihr dürft jetzt zutiefst erkennen, dass ihr die Gelegenheiten des Zeitfensters wie bekannt (1987 bis 2012, 25 Jahre, Anm.) nutzen dürft, denn ihr tragt zu diesen Veränderungen bei. Jeder auf seine Weise. Es geschieht jetzt. Und alle Beteiligten erwarten eure Entscheidungen, eure Klarheit, eure Ausrichtung.

Kommt aus euren Wartepositionen hervor und seid dabei. Jede Seele ist gerufen, um am Teppich der Veränderungen zu weben. Und so einzigartig jedes Muster sein wird, das ihr dort hineinwebt, so wunderbar vielschichtig wird die Neue Zeit sein. Es ist eure neue Erde, euer neues Lebensspiel. Die Warteposition bedeutet Klebenbleiben.

Kommt heraus, verändert euer Leben, und so verändern sich eure Energien. Ungeahnte Potenziale werden hereinströmen und euch in neue Räume bewegen. Seid frei, euch zu entscheiden, seid offen, um euch eurer wahren Größe bewusst zu werden. Was glaubt ihr, passiert, wenn ihr euer Leben jetzt verändert? Glaubt ihr, euch geht es dann schlecht? Glaubt ihr, ihr hättet dann kein Geld mehr? Oder meint ihr, es ginge nicht weiter? Hinterfragt diese alten Glaubenssätze gründlich. Wo kommen sie her, und wer hat sie euch gelehrt? Haltet euch nicht damit auf, denn sie begrenzen euch signifikant. All das sind Glaubenssätze der Angst, die euch stark mit der materiel-

*len Ebene verketten. Ihr habt sie euch für eine Zeit mitgebracht,
in der sie wichtig waren, um euch auf dieser Position zu halten.
Doch sie sind allesamt überflüssig!*

*Ich sehe so viele Seelen in den alten Lebensplänen festhän-
gen, auch in ihren alten Leiden, Berufen, Partnerschaften, Le-
bensentwürfen. So viele hängen an all ihrem Besitz, Job, Haus,
Ehejoch (auch in den zufriedenen, geregelten, eingeschliffenen
Partnerschaften) und rücken keinen Zentimeter davon ab. Mit
festem Griff halten sie so die illusionäre Welt der Formen fester
und fester und wundern sich, warum ihr Leben so eintönig ist,
so langweilig und so gänzlich ohne Würze, oder?*

*Ihr Lieben seid nicht hier, um mit einem (Ehe-) Partner bis
ans Ende der Zeit zu überdauern. Ihr müsst nicht in diesen Räumen versauern. Seht einmal eure große Seele, wie sie sich da
langweilt! Ja, natürlich ist es bequem!*

Verstehe ich doch! Oder nein, versteh ich gar nicht!

*Indem ihr an allem Alten (und eurer/m Alten) hängt, saugt
ihr euch fest. Das ist komplett alte Energie, ihr Lieben. Geht
raus und erfindet euch neu. Wählt jetzt neu!*

*Und ihr bringt die Matrix in Bewegung. Ihr werdet stau-
nen, was dann passiert. Ihr geht nicht verloren – und wenn,
(Schmunzeln) dann nur, um euch endlich zu finden. Nur – den
Mut, dies zu tun, solltet ihr schon selbst aufbringen.*

*Nach 2012 herrschen völlig andere Energien, und wir kön-
nen nicht für euch bestimmen. Denn ihr seid die Meister und*

wählt eure Erfahrungen selbst. Doch es kann gut möglich sein, dass der Letzte dann das Licht ausgemacht haben wird – in eurem Jargon gesprochen. (Schmunzeln)

Andrea: Du machst Witze!

Nein, meine Liebe, es ist bitterer Ernst. Ich will euch tatsächlich ermahnen, endlich loszulaufen (damit meine ich nicht Spazierengehen...).

Es muss noch ein großer Ruck durch die Masse gehen, damit so viele wie möglich von der Welle der Neuen Zeit erfasst werden.

Auf jeden Fall werdet ihr siegreich sein. Doch es kommt auf die Menge der Seelen an, die mit euch an die neuen Ufer steuern. Wir hätten nicht geglaubt, dass es euch so schwer fallen würde, aus den alten Stiefeln zu steigen!

Transformiert eure Widerstände dahingehend. Ich bin an eurer Seite in dieser Zeit, um euch die Flügel ein wenig anzuheben. Ihr könnt euch nicht ausdehnen, wenn ihr noch solche massive Bedenken, Skepsis, Ängste, Frustrationen oder strukturelle Anhaftungen habt.

Kennt ihr diese Gummibänder für Muskelübungen?

Wie diese Gummibänder schnappt ihr tagtäglich wieder zurück in den alten grauen 3-D-Alltag, der euch fest im Griff hat, wenn ihr nicht wirklich das seid, was ihr sein wollt! Bemüht euch also um Authentizität, um Aufrichtigkeit euch selbst gegenüber.

Weicht der quicklebendigen neuen Energie nicht mehr aus! Ihr seid in der Lage, euch zu verändern – hier und jetzt.

Ich segne euch und werde noch einige Male im Text „hereinschauen", damit ihr eine kleine transformative Erfrischung erhaltet!

Also – auf ein Wiedersehen in Kürze. Ich bin Saint Germain."

Andrea: Danke!

♥♥♥

Kapitel II

Natur- und Heilkunde

Mineralien, Vitamine, Sonnenfood

Viel wurde darüber geschrieben und referiert, aber nur wenig vom Großteil der Menschen umgesetzt. Es gibt nun einmal harte Winter mit wenig Sonne und nur hochgezüchtetem „Grünfutter". Da können wir uns gut über die „arme" Zeit helfen, wenn wir Vitamine und Mineralien substituieren. Aus biologischer Produktion sollte es schon kommen, was in der Dose ist. Je intakter die Gebiete, in denen diese Pflanzen gedeihen, desto besser die Ersatznahrung. Wer mit dem Pendel oder Tensor gut umgehen kann, mag einmal die Energiequalität austesten, denn es gibt da sehr große Unterschiede.

Bei der Verarbeitung sollten idealerweise natürlich gewachsene Pflanzen als Ganzes genutzt werden, weil sie sehr viele gesunde, jedoch unerforschte Stoffe enthalten, die wir in den synthetisch nachempfundenen Produkten (meist Apotheken) nicht finden. Sie können uns nur so ihre „göttliche Ordnung" übertragen. Künstlich zusammengesetzte Ergänzungen enthalten nur selektiv pflanzliche Anteile, und der Körper kann diese Auszüge dadurch nur bruchstückhaft aufschließen. Ideal ist es, wenn unsere Körperweisheit nachvollziehen kann, wie sich die Nahrung zusammensetzt. Je unnatürlicher und denaturierter wir uns ernähren, umso ungünstiger fallen die Körperantworten aus (zum Beispiel Sodbrennen, Verdauungsstörungen usw.). Unser Körper – als genialer Biocomputer – reagiert prompt auf alle Dinge, die wir ihm zumuten. Außer auf den stofflichen Input antwortet er auf unsere Gedanken und Gefühle. Vielfach wird dieser Fakt jedoch ausgeblendet und auf die (kranke) Zelle reduziert.

Heilende Nahrung aus intakten Naturgegenden wie dem **Regenwald** kann uns jedoch unterstützen, da sie hochgeordnete Informationen in sich trägt. Doch auch andere Regionen bieten gute Voraussetzungen für ein gesundes Pflanzenwachstum.

Energetische Tests zeigen, welche Energiequalität vorhanden und welches Produkt im Einzelfall zu empfehlen ist. Das kann man mit der Energiewertskala im Buch leicht feststellen. Legt dazu die Packung auf die Thymusdrüse (oder einen Zettel mit der genauen Bezeichnung), denn euer Höheres Selbst weiß über alles genauestens Bescheid). So könnt ihr feststellen, wie die eigene Energie ansteigt oder nicht.

Genauso könnt ihr bestimmte Mittel, Essenzen oder auch Nahrungsmittel, die ihr verzehrt, austesten.

Bei den Vitaminen ist **Vitamin C aus der Acerola Kirsche** sehr zu empfehlen (keine künstliche Variante). Es ist der erste Helfer in der Not bei allen Erkältungen (oder auch bei Hitze) und kann vielen Tröpfchen-Infektionen vorbeugen.

Braunhirse zum Beispiel ist preiswert und enthält alle wichtigen Mineralien zum Aufbau von Sehnen, Knorpeln, Gelenken, Haut, Haaren und Nägeln. (Bei einigen meiner Klienten wuchsen die Haare wieder gesund und kräftig – nach einiger Zeit und regelmäßiger Einnahme). Allerdings sollten diese in höheren Mengen gegessen werden – ein bis drei gehäufte Esslöffel täglich in Joghurt oder Fruchtsaft. Man kann sie obendrein gut in Plätzchen oder Kuchen verbacken.

Auch **OPC** nenne ich hier oder **Spirulina, Chlorella und Afa Algen** (wie weitere Algenarten), die einige wertvolle Mineralien enthalten (zum Beispiel Bioking, Jentschura, Alvito – siehe Anhang).

Zu diesem Thema gibt es diverse Bücher, und jeder bewusste Mensch darf sich damit gerne ausführlich befassen. Ich möchte hier nur leicht umsetzbare Möglichkeiten nennen.

Ein Saft aus der **Aroniabeere** ist ebenso ein kraftvolles Antioxidanz und durch die Powerstoffe aus der „Apfelbeere" ein echter Geheimtipp für Gesundheit und Vitalität.

Was unübertroffen wertvoll ist, sind **Kräuterpresssäfte**. Diese können aus frischen, gesunden Gartenkräutern mit einigen essbaren Wildkräutern gemixt werden. Wem es zu „grün" ist – mit Apfelsaft verdünnen, dann schmeckt es besser. Einfacher ist es, diese Mischungen mit dem Salat zu vermischen. Außer den bekannten Kräutern wie Petersilie, Schnittlauch, Zwiebelschlotten, Gurkenblätter, Dill, Kresse, Rauke wären das zum Beispiel Löwenzahn (Stängel, Blätter, Blüte), Brennnessel, Bärlauch, Kapuzinerkresse mit Blüten, Gänseblümchen.

Auch an Gerichten sparen wir nicht mit Gartenkräutern! Sie sind ein Reservoir an Mineralien und Vitaminen und stehen draußen im Garten (oder auf dem Balkon). Oregano, Melisse, Thymian, Rosmarin, Bohnenkraut, Sellerie, Petersilienwurzel, Minze, Schnittlauch, Paprika, Chili unter anderem können wir großzügig, allerdings erst zum Schluss, hineingeben.

Es ist gewiss lohnenswert, sich mit diesem Thema einmal intensiver auseinanderzusetzen, damit ihr durch das

Hintergrundwissen in der Lage seid, euch selbst und eure Lieben gut zu versorgen.

(Im Anhang sind weitere Empfehlungen für spezielle Produkte zu finden.)

Selbstverständlich können energetisch erfahrene Menschen ihre Nahrung zusätzlich aufwerten (alles ist Energie), doch für den Normalverbraucher ist vorerst auch ein inniges „Segnen" ausreichend.

Auf die Sonnennahrung bin ich bereits eingegangen. Natürlich ist es das Beste, die sonnengereiften Früchte direkt vom Baum zu naschen oder aus der Erde zu ziehen, denn dort sind die lebendigen Informationen pur enthalten. Sie „sprechen" sozusagen noch mit euch!

Nicht vergessen: Bedankt euch bei den Pflanzen, wenn ihr erntet.

Wenn die Möglichkeit besteht, im Urlaub, auf der Plantage oder im eigenen Garten zu ernten, nutzt es! Ihr werdet feststellen, dass es euch nach wenigen Tagen an frischer Luft, mit angemessener Bewegung und gesunder Frischkost, sehr gut geht – an jedem intakten Ort der Welt, auch und gerade im eigenen Garten!

Die größte Lebensqualität, die wir wieder schätzen lernen müssen, ist saubere Luft und intakte Natur. Tun wir etwas dafür!

Tiefenreinigung der Organe

Es gibt tolle Beiträge und Filme über die philippinischen Heiler, die mit bloßen Fingern in den Körper eindringen und dort Krebsgeschwüre und andere krankhafte Ansammlungen herausholen – ganz ohne Narkose und ohne aufwändige OP.

Ja, sie operieren geistchirurgisch, und die Behandelten sind überglücklich, wenn sie – von ihren Leiden oder ihren giftigen Ablagerungen befreit – schon wenige Minuten nach einer solchen OP wieder am Strand liegen und „heilschlafend" die Sonne genießen können. Viele Menschen akzeptieren diese Wahrheit nicht – darum gibt es auch noch zahlreiche Krankenhäuser und seitenlange Diagnosen von klugen Medizinern, die das alles lange studiert haben. So können sie uns intellektuell bestens von der Krankheit und der Notwendigkeit der Behandlungen überzeugen, was meistens funktioniert.

Auf der anderen Seite steht es uns Schöpferwesen völlig frei, eine neue Wirklichkeit zu wählen: auf der Basis des Ursprungs, der ENERGIE ist.

Bei den Filmaufnahmen (wie oben genannt) wird auch etwas anderes deutlich: Die Organe sind teilweise sehr belastet, verschleimt oder verschmutzt und können logischerweise ihre Funktion irgendwann nicht mehr ordnungsgemäß ausführen. In den meisten Menschen, und damit in ihren Körpern, herrscht mehr Chaos als Ordnung. Es ist heilsam, wenn wir uns energetisch und physisch intensiv um die innere Reinigung kümmern. Die physische Tiefenreinigung der Organe lässt alte Schlacken und Gifte abfließen und leitet Zelltrümmer und Abfallstoffe unzähliger Parasiten aus, die jeder Mensch in sich trägt.

Hier sind einige Beispiele, die mittlerweile von Hunderten, Tausenden Menschen mit positivem Ergebnis erprobt wurden. Ich erwähne diese Methoden der Übersicht halber, da jeder Interessierte selbst wählen mag, mit welchen Themen er sich ausführlich beschäftigen will. Entsprechende Literatur gibt es auf dem Markt genügend.

Fasten

Verschiedene Fastenkuren, richtig ausgeführt, können eine gründliche Reinigung und Regeneration unseres Körpers bewirken.

Beim Heilfasten nach Buchinger zum Beispiel werden viel Wasser, Kräutertee, frischgepresste Säfte und Gemüsebrühe getrunken. Sie versorgen den Körper mit den nötigen Mineralien, Spurenelementen und Vitaminen, ohne die Verdauung zu belasten.

Fasten bedeutet außer dem Verzicht auf Nahrung vor allem auch Verzicht auf Handy, Radio, Fernsehen und die bekannte Geräuschkulisse.

Wir können einmal in die Stille gehen, in uns hineinhören und somit die ausgetretenen Pfade des Alltags hinter uns lassen, zu uns selbst finden.

Basenkuren

Ein Großteil der Menschen, nicht nur in Mitteleuropa, leidet an den Folgen von Übersäuerung wie erhöhte Schmerzempfindlichkeit, Entzündungsneigung, hoher Blutdruck, Herz-Kreislaufkrankheiten, Diabetes, Hautkrankheiten usw.

Der pH-Wert des Menschen sollte bei allen Schwankungen

im Schnitt bei 7,45 liegen (Teststreifen für Urin gibt es in der Apotheke). Durch die übersäuernde Lebensweise befindet sich der Körper häufig außerhalb seiner pH-Balance und hat stark zu kämpfen, um nicht krank zu werden. In diesem Milieu hat er darüber hinaus keine Chance, wirklich zu heilen.

Hier nun einige Beispiele, wie die Übersäuerung im Körper zustande kommen kann. Wer auf der Liste bei Übersäuerung mehr als drei Häkchen ankreuzt und nicht mindestens die doppelte Menge auf der anderen Seite, kann davon ausgehen, dass er zumindest leicht übersäuert ist.

Übersäuernd	Basenbildend
Kaffee	gutes Wasser
Zucker, Süßes	Rohkost
Weißmehlprodukte	Müsli
tierisches Eiweiß	frisches Gemüse
Fastfood	Salate
Fertigkost	Kräuterwürzung
Mikrowellengerichte	mit Liebe kochen
Cola, Limonade	Kräutertees
Alkohol	reifes Obst
Drogen	frischgepresste Säfte
Tabletten	Wandern
Rauchen	bewusst atmen
Streit	Lachen, Freude
Stress	Entspannung
Ängste	Liebe
Fernsehen (über 2 Stunden)	Radeln, Sport

Lange Computernutzung	Natur
Zu wenig Schlaf	erholsamer Schlaf
Ärger	Meditation
Negative Gedanken	Bewusstsein
Giftige Emotionen	natürlich leben
Elektrosmog	natürlich wohnen
Verstrahlung	Sonne genießen
Selbstverleugnung	Selbstfindung
Kopflastigkeit	ins Herz kommen

... und vieles andere mehr. Jeder kann für sich herausfinden, welche Dinge sich alltäglich leicht verändern lassen.

Es gibt die Möglichkeit, nun ein Basenprogramm durchzuführen (Infos zum Beispiel unter www.p-jentschura.com. Dort gibt es kostenfreie Broschüren), wodurch wir den Körper in ein gesundes Milieu bringen und gleichzeitig eine Reinigung bewirken.

Allein mit Salzpeelings beim Duschen wird das Hautmilieu basisch beeinflusst, was im Fall von dermatologischen Symptomen oder Irritationen von Vorteil sein kann.

Wir können basische Strümpfe über Nacht tragen, basische Fußbäder oder Bäder machen, basische Tees genießen, Basenkräuter zuführen und Basenbrei zum Frühstück essen. Dabei werden alle anderen Genussmittel zunächst nicht verzehrt.

Das Basenprogramm sollte mindestens zweimal jährlich für eine Woche (besser öfter und länger) durchgeführt werden, wobei wir es auch mit Fasten (vorbereitend) kombinieren können.

Leberreinigung

Die meiner Meinung nach beste Organreinigung aus der Naturheilkunde gebe ich hier gerne weiter. Sie dient der Ausscheidung von Gallensteinen und -gries, der sich in den Gallengängen (in der Leber) befindet.

Operationen der Gallenblase erübrigen sich, da alle Steinansammlungen mit dem Stuhlgang ausgeschieden werden.

(Wer es genau wissen möchte, kann in das Buch von Martin Frischknecht „Gesundheit als Chance" schauen, dem diese Reinigung entnommen ist.)

Hier die Leberreinigung in Kurzform

Pro Person werden benötigt:
4 Esslöffel Bittersalz (Magnesiumsulfat, Apotheke),
125 ml Olivenöl, 3 Grapefruits

Vorbereitung

Keine schwere und fettige Kost am Tag der Reinigung zuführen. Insgesamt werden fünf Drinks zubereitet.

Ab 14.00 Uhr	Nichts mehr essen, nur wenig Wasser trinken. 4 Esslöffel Bittersalz mit 800 ml Wasser mischen.
18.00 Uhr	200 ml Bittersalzmischung trinken (vorher immer umrühren)
20.00 Uhr	200 ml Bittersalzmischung trinken. Vorbereitung des 22.00-Uhr-Drinks: 190 ml Grapefruchtsaft auspressen, Saft mit 125 ml Olivenöl mischen, schütteln

22.00 Uhr	Bettfertig machen und danach den Grapefrucht-Öl-Drink schütteln und trinken.
morgens	**in der Zeit zwischen 7.00 bis 8.00 Uhr:** 200 ml Bittersalzmischung trinken Jetzt werden Toilettengänge häufiger und der Darm scheidet Unmengen an grünen, gelblichen oder braunen Gallensteinen oder Gries aus. Das zieht sich bis zum Mittag hin.
2 Stunden	**nach dem Aufstehen:** letzte Bittersalzmischung (200 ml) trinken.
Ab 10.00 Uhr	Leichtes Frühstück einnehmen.

Die Leberreinigung sollte jeden Monat und so oft wiederholt werden, bis keine Steine mehr herauskommen.

Nierenreinigung

Die Reinigung der Nieren erfolgt vorzüglich mit Wasser oder Kräutertees in großen Mengen (wie es jeder verträgt). Es dürfen bis zu sechs Liter am Tag sein. Wer nicht so viel aufnehmen kann, der sollte mindestens in der Organzeit der Nieren – von 17.00 bis 19.00 Uhr – täglich einen Liter heißes bis warmes abgekochtes Wasser (aus frischem Wasser) trinken oder einen schönen Tee aus Goldrute (Solidago) für die Nierengesundheit (Solidago Tropfen, Apotheke). Je mehr Wasser (ohne Kohlensäure, bei Bedarf mit ein wenig Apfelessig, weil basisch) täglich getrunken wird, umso mehr Gifte werden aus dem Körper gespült, er kann sich entschlacken und reinigen. Ein großer Wasserkonsum ist gut für die Haut und das Gewebe sowie für alle Körpersäfte, die vielleicht vorher entmischt waren.

(Für die allgemeine Gesundheit empfehle ich ein interessantes Buch: *Sie sind nicht krank, sie sind durstig, Heilung von innen mit Wasser und Salz* von Dr. F. Batmanghelidj.)

Blutreinigung

Brennnesseltinkturen, Abkochungen oder Tees eignen sich hervorragend zur Blutreinigung, besonders im Frühjahr.

Dazu werden frische, junge Brennnesseln in einem Liter Wasser eine Weile auf kleiner Flamme gekocht, bis ein tiefgrüner Sud entsteht (schmeckt etwas streng, ist aber sehr gesund). Dieser wird dann als Kur über eine Woche lang genossen.

Auch Brennnesseltee kann als Kur getrunken werden – mindestens 1 Liter am Tag. Dafür werden wenige Pflanzen (oder Arzneitee aus der Apotheke) benötigt, so, wie wir den Tee mögen. Auch Blutegel sind eine Möglichkeit zur Klärung dieses Lebenssaftes (Heilpraktiker).

Darmreinigung

Wenn es Probleme mit dem Darm oder der Verdauung gibt, sollte zunächst die Darmpassage überprüft werden. Dazu isst man Rote Beete oder Spinat. Ist die Färbung innerhalb 24 Stunden deutlich am Stuhl zu erkennen, ist die Verdauung in Ordnung. Dauert es länger als zwei Tage, handelt es sich um eine recht träge Verdauung, die in Schwung gebracht werden sollte, wenn (!) keine anderen Symptome wie Schmerzen oder Blähungen bestehen.

Einfache Spülungen mit warmem Wasser und einem Irrigator (Becher mit Schlauch aus der Apotheke), öfter durchgeführt, bewirken wahre Wunder. Wir fühlen uns anschließend leichter und gereinigt.

Bei ernsthaften Problemen sollte man jedoch mit einem

naturheilkundigen Therapeuten zusammenarbeiten, der noch einige Extra-Maßnahmen durchführen wird (wie eine Darmsanierung) und homöopathische oder phytotherapeutische Unterstützung geben kann. Luvos Heilerde ist ein mild wirkendes Arzneimittel bei Durchfall, Sodbrennen und säurebedingten Magenbeschwerden. Bittersalz – hin und wieder eingenommen – wirkt entschlackend auf die Darmpassage. Sauerkrautkuren und Sauerkrautsäfte können ebenso empfohlen werden, da sie reinigend und entlastend wirken. Auch Flohsamen haben oftmals gute Wirkungen gezeigt. Die Darmflora erholt sich auch, wenn wir eine bestimmte Zeit Zucker und Weißmehl weglassen. Mittlerweile gibt es professionelle Colon-Hydro-Therapien, die den Darm ordentlich durchspülen. Da diese nicht gerade billig sind, können wir auf eine Alternative zurückgreifen und uns selbst helfen. Hier gibt es einen Selbstbausatz (unter www.alsenwulf.de nachzulesen), den wir erfolgreich ausprobiert haben.

(Empfehlung gilt ausschließlich für den Selbstbausatz.)

Schwermetallausleitung

Ich habe einige Ausbildungen beim sogenannten Papst der Schwermetallausleitung, Dr. med. Dietrich Klinghardt, in Kinesiologie, Schwermetallausleitung sowie Mentalfeldtherapie absolviert und empfehle dessen Bücher und Kurse.

Folgende einfache Regeln sind jedoch zu beachten:

- Alle Metalle, die als Zahnfüllung in Frage kommen, vorher kinesiologisch oder radiästhetisch testen lassen.
- Alle Amalgamfüllungen entfernen lassen.
- Vor jeder Entfernung eine Ausleitung vornehmen, da das Nervensystem und der Körper allgemein stark beeinträchtigt werden können.

- Die Menge der Spirulina, Chlorella, anderer Algen oder Essenzen genauestens austesten lassen, da sonst eine Rückbelastung sehr wahrscheinlich ist.
- Vom ganzheitlichen Zahnarzt empfohlen:
Q80-Kräuterelixier
www.calendula-kraeutergarten.de

Viele Krankheiten entstehen – außer den spirituellen Gründen – durch Giftbelastungen. Durch die Unordnung im Körper kommen weitere Beschwerden und Probleme hinzu.

Für eine einfache Ausleitung benötigt man biologische Spirulina oder Chlorella-Algen sowie Vitamin C aus der Acerola Kirsche. Die Kuren sollten über einen längeren Zeitraum durchgeführt werden (vier Wochen bis sechs Monate). Da es immer darauf ankommt, wie hoch die Belastung im System ist und ob noch Amalgamfüllungen in den Zähnen sind, ist die Dosierung hier sehr unterschiedlich. Ich habe früher mit Dosierungen von 40 Tabletten täglich gearbeitet. Doch vieles hat sich geändert, weil die Energien ihr Übriges tun. Natürlich kommt es auf die Aufnahmefähigkeit der Algen an. Menschen mit Schilddrüsenüberfunktion (Jodgehalt) sollten hier vorsichtig sein und die richtige Einnahmemenge mit ihrem naturheilkundlichen Therapeuten abstimmen. Für diese Personengruppe ist es ratsam, eventuell die ausgleichenden Afa Algen einzunehmen. Bei Kopfproblemen, Allergien, Schmerzen, Gedächtnisproblemen usw., kann es gut möglich sein, dass die Vergiftungen bereits die Blut-Hirnschranke überwunden haben und mit Erfahrung (eventuell Koriander) ausgeleitet werden müssen (Fachliteratur lesen).

Bürsten, Swingen & Vibrieren

Vielleicht bemerken wir manchmal ein Kribbeln in den Beinen oder ein Ziehen in der Wirbelsäule, haben kalte Füße oder Hände und fühlen uns irgendwie verspannt und steif?

Kennt ihr solche Empfindungen?

Früher hätten wir an eine anklingende Erkältung gedacht, mit ordentlich Gliederschmerzen und so weiter.

Heute wissen wir: Es sind „leidige" Lichtkörpersymptome. Durch die Energieeinstrahlungen, die sich über die Wirbelsäule in jedes Segment des Körpers bewegen, fühlen wir uns oft müde, kaputt und unbeweglich. Wir haben Herzrasen oder Leibesschmerzen aller Art. Lichtschnelle Wellen treffen auf langsam schwingende physische Strukturen und müssen vom Körpersystem stark abgebremst werden. Auch dadurch werden diese Symptome verursacht. Doch wir können solche Energiebewegungen schnell wieder harmonisieren, indem wir uns richtig bewegen, atmen und es durchfließen lassen.

Swingen
Swingen ist ein schöner Spaß auf dem Trampolin, und Bewegung soll auch Freude bereiten!
Trampoline werden in verschiedenen Variationen angeboten. Am besten swingen wir auf den sogenannten Swingolinen, weil die Bewegungen hier sehr harmonisch und weichfließend ausgeführt werden können. Besondere Gummibänder verbinden die Springmatte mit dem Rahmen und gewährleisten ein geräuschloses Schwingen. So trainieren Menschen aller Alters-

gruppen eine Vielzahl von Muskelgruppen im leichten Swingen. Anfangs ist es möglich, dass sich ein starker Muskelkater bemerkbar macht, denn die gesunden Bewegungen sprechen Muskeln an, die wir oft viele Jahre nicht mehr benutzt haben. Eine Viertelstunde tägliches Training ist ausreichend.

Bürsten

Mit einer weichen Körperbürste und sanften kreisenden Massagebewegungen unterstützen wir unser Lymphsystem, das so leichter Schlacken und Abfallstoffe ausleiten kann. Auf diese Weise wird frische Energie von den Zellen besser aufgenommen. Außerdem sorgt die Massage für eine sehr gute Durchblutung, und wir spüren sofort, wie wohl uns wieder in unserer Haut (der „Hilfsniere") ist.

Bürsten können wir täglich oder vor dem Baden oder Duschen. Das befreit die Haut von abgestorbenem Zellmaterial.

Ideal nach dem Bürsten ist dann eine basische Dusche oder ein basisches Bad, das mindestens eine Stunde lang einwirken kann. Das Basensalz zum Beispiel (Orgon Salz von Jentschura) ist auch als Peeling sehr angenehm.

Vibrieren

Vibrationsmassagen wirken ganzkörperlich bis auf die Zellebene und bringen alle Körperflüssigkeiten in kurzer Zeit in Bewegung. Es gibt sehr gute Geräte, zum Beispiel das von japanischen Forschern entwickelte „Zhendong", wodurch wir gestaute Energien sehr schnell fließen lassen können.

Die Wohltat ist unmittelbar zu spüren. Die Vibrationsplatte schwingt in einer liegenden Acht und gibt so dem Körper einen Rechtsspin, was sich sehr positiv auf die Gesundheit und die Lebensenergie auswirkt. Ich nutze den „Zhendong-Trainer" seit

Jahren vor allem auch bei Wirbelsäulenproblemen oder wenn ich tagsüber nicht genug Bewegung hatte. Mit einer Anwendung von 15 Minuten haben wir eine Energieaktivität im Körper erzielt, die ungefähr einer zweistündigen Bergwanderung gleichkommt – das ist doch ein toller Effekt, oder? Außerdem können wir die Vibrationen bei jeglicher Entzündung im Körper wirken lassen, weil Heilungsprozesse dann viel schneller vonstatten gehen.

Venenprobleme, Wasseransammlungen werden reduziert, denn die Schwingungen verbessern die Durchblutung mit anschließender Erleichterung der Beine.

Selbstverständlich verbessern wir die Struktur unseres Gewebes nicht nur an Rumpf und Extremitäten, sondern auch im Gesicht (mit Massagegurt). Ein weiterer Vorteil ist, dass die Kundalini aktiviert wird, die somit einen weiteren Gesundheitsschub für den Körper bringt.

Alle Geräte sind jedoch nur zusätzliche Hilfsmittel. Wir können sie besser in den kühlen Jahreszeiten nutzen (oder wenn wir wirklich viel zu tun haben...).

Die Bewegung an frischer Luft und in der freien Natur ist jedem Gerätesport vorzuziehen und ein absolutes MUSS!

Denn Mutter Erde freut sich immer über eine Begegnung mit uns.

Reflexzonen akupressieren

Wenn sich die Energien in den Fußsohlen oder Händen (kalt) stauen, tut es gut, wenn wir mit einer kräftigen Massage oder einem schönen basischen Fußbad für Ausgleich sorgen. In erster Linie können wir unsere Fuß- und Handchakren öffnen und alle gestaute Energie abfließen lassen. Das allein bewirkt schon eine Durchwärmung und ein Fließen, denn auch über Füße und Hände leiten wir viele physische und emotionale Themen aus.

Um den Lymphfluss für den oberen Körper zu aktivieren, kneten wir nun kräftig unsere Lymphzonen an den Schwimmhäuten zwischen den Fingern. Dasselbe geschieht für den unteren Körper, wenn wir die weiche Haut zwischen den Zehen eine Weile drücken und massieren. Wertvolle Hilfe für die schnell spürbare Durchblutung der Fußreflexzonen und für eine Energetisierung der Meridiane bietet hier eine einfache Akupressurmatte, auf die man sich öfter stellen kann.

Die Chinesische
Akupunkturmatte
Zhencidian

Selbst bei Schlaflosigkeit findet sie Einsatz, indem der Nackenbereich stimuliert wird. Außerdem hilft sie bei Rückenproblemen und Verspannungen, weil entlang der Akupunkturmeridiane die Energien in Fluss gebracht werden.

Bei längerer sitzender Tätigkeit, wenn wir einmal einen müden oder auch energetisch herausfordernden Bürotag erleben, hilft uns die Akupressur, um das Gewebe am Po gut zu durchbluten. Genauso können wir sie auch mit ins Auto nehmen, auf eine längere Fahrt, wobei die Durchblutung des unteren Rückens gefördert wird.

Natürlich gibt es verschiedene Angebote auf dem Markt, aber diese Matte ist so simpel, dass wir nichts falsch machen können. Die Kosten für die Matte liegen derzeit bei rund 25 Euro. (Verkauft wird sie mitunter auch für mehr.) Schaut im Internet nach (ebay) und probiert die Akupressur einfach einmal aus.

Barfuß laufen ist viel mehr als nur „kneippsche Therapie"
Mutter Natur ist immer eine wunderbare „Heilerin". Laufen wir öfter barfuß über Stock und Stein, haben wir nicht nur die beste Reflexzonenmassage (zudem völlig kostenlos), sondern sind darüber hinaus in intensiver Kommunikation mit der Erde. Unsere Füße reagieren sehr feinfühlig auf die unterschiedlichen Materialien des Bodens. Jedes Mal, wenn wir Steine, Gras, Erde und Sand betreten oder im Wasser sind, werden über die Füße Signale höherer Ordnung an das System ausgesandt. Es reagiert auf die Impulse zunächst mit verstärkter Durchblutung der Fußsohlen. Schließlich werden die über die Reflexzonen repräsentierten Organe intensiver versorgt und dadurch energetisch aufgebaut. Alle Informationen der jeweiligen Materialien

werden von den Körperflüssigkeiten gespeichert und so in jede Zelle befördert. Darum fühlen wir uns zum Beispiel auch beim Sandbaden oder auf der Liegewiese so wohl.

Barfuß laufen ist jedoch wie ein zusätzlicher Urlaub. Es regeneriert unseren Körper und schmeichelt vor allem Mutter Gaia, weil wir ihr damit unsere Ehrerbietung und unsere Verbundenheit zeigen.

Woher ich das weiß?
Mein Körper erzählte es mir gerade...

Heilende Meisterpunkte

Die Chinesen unterscheiden innerhalb ihrer Gesundheitslehre, der Traditionellen Chinesischen Medizin (TCM), hauptsächlich fünf Formen von Energie.

- **Erbenergie**, auch Ursprungsenergie
  entspricht der Konstitution, ist im Nierenfunktionskreis gespeichert und stellt unsere Lebensbatterie dar.
- **Nahrungsenergie**
  entsteht bei Assimilation der Nahrung, ist durch die Art der Nahrung steuerbar.
- **Atmungsenergie**
  kann durch Atemübung intensiv beeinflusst werden.
- **Grundenergie**
  versorgt den gesamten Organismus und wird aus Nahrungs- und Atmungsenergie gebildet.
- **Das wahre Qi**
  verbindet die Nährfunktion des Blutes und das Abwehr-Qi, zirkuliert in Haut und Immunsystem.

Daran können wir erkennen, wie bereits durch das Zusammenspiel dieser fünf Energiearten alles zusammenfließt, miteinander verwoben ist. Allein durch eine positive Beeinflussung dieser sogenannten fünf Grundsubstanzen können wir enorme Verbesserungen unserer Gesundheit erreichen.

Mit der Akupressur verschiedener Akupunkturpunkte – dies sind Punkte, die laut Traditioneller Chinesischer Medizin und vieler empathischer Forschungen ein erhöhtes elektrisches Potenzial aufweisen und bei Aktivierung (Nadeln, Druck, Wärme, Frequenzen, elektrischer Strom usw.) das Chi (Lebensenergie) im Körper wieder zum Fließen bringen –, haben wir ein wertvolles Werkzeug für die unkomplizierte Selbsthilfe jederzeit zur Hand.

„Nadeln" mussten die alten chinesischen Heilkundigen vor allem deshalb, weil es zur Zeit der Entstehung der Akupunktur verpönt war, den Menschen nackt zu behandeln. So waren sie gezwungen, effektive Maßnahmen zu entwickeln, die durch die Kleidung hindurch wirken konnten. So erfanden sie vor etwa 5000 Jahren (darüber gibt es keine einheitliche Angabe) die Akupunktur, deren bekannteste und am meisten erforschte Wirkung die Schmerzlinderung durch Endorphinfreisetzung ist. Das Wirkspektrum ist allerdings sehr viel breiter gefächert, ohne an dieser Stelle näher darauf einzugehen.

Für unsere Selbsthilfe gilt es, auch ohne Nadeln zum Ziel zu kommen, denn die Punkte reagieren ebenso auch mit den genannten Methoden. Hier mit Druck durch den Fingernagel, durch einen spitzen Gegenstand, größere spitze Kristalle oder Massagestäbe, durch Licht oder unsere Gedanken (erfordert hohe Konzentration). Natürlich kann man diese Meisterpunkte (die meisten) bei Beschwerden beidseitig (die Meridiane sind parallel angeordnet) öfter akupressieren. Das bedeutet, sie zu drücken oder zu klopfen, bis sie ansprechen und dann in den Schmerz hineinarbeiten und ruhig atmen. Die Verweildauer entspricht der inneren Uhr. Fühlt hinein und haltet so lange wie möglich den Druck, mindestens jedoch mehrere Sekunden bis zu einer Minute lang.

Grundsätzlich gilt:
Bei akutem Geschehen eher stärker und länger aktivieren,

und bei chronischen Beschwerden oder Schwächen eher kürzer und sanfter drücken. Bei Druckschmerzhaftigkeit ist immer eine Behandlung angezeigt, bei Unempfindlichkeit eher nicht. Das sind aber nur ganz allgemeine Richtlinien. Die genannten Punkte sind relativ leicht zu finden. Ich habe bewusst jene ausgewählt, die immer wieder bei allen Lichtkörpersymptomen Anwendung finden und die man leicht bearbeiten kann. Ich zeige hier nur eine kleine Auswahl aus der großen Palette der Möglichkeiten auf und verweise auf die entsprechenden Fachbücher.

Bei allen Symptomatiken sollten wir immer in unseren Körper fühlen, der sowohl ein Gedächtnis (das Schmerzgedächtnis kennt bereits die Wissenschaft) als auch ein eigenes Wesen besitzt. Unser Körper ist intelligent und lässt sich weder von uns, noch von Ärzten oder Therapeuten hinters Licht führen! Haben wir seinen Ausdruck „erfolgreich" unterdrückt, wird er einen neuen Weg finden, um uns an anderer Stelle zu zeigen, was er nicht mehr länger tolerieren will und kann.

Es gibt viele Symptome, die sich sehr gut ohne fremde Hilfe behandeln lassen. Bei allen auftauchenden Schwierigkeiten möchte ich jedoch mit Nachdruck darauf hinweisen, dass JEDER SELBST die Verantwortung für seine Gesundheit trägt und entscheidet, was zu tun ist! Fühlt sich jemand dadurch überfordert, sollte er natürlich einen Therapeuten aufsuchen. Warum nicht? Ob er einen schulmedizinischen, alternativen oder bioenergetischen Behandelnden wählt, ist natürlich ihm überlassen.

In diesem Buch möchte ich vor allem alternative Möglichkeiten aus meinen Erfahrungen in der Gesundheitspraxis aufzeigen, um jene daran teilhaben zu lassen, die ihren eigenen Weg gehen wollen und können. Denn letzten Endes können weder der Arzt noch der Therapeut die Verantwortung für das Heilsein ihres Patienten übernehmen! Das kann jeder Mensch nur für sich selbst tun.

Eine Übersicht der Meisterpunkte im A3-Form ist nach Fertigstellung über www.lichtkristallverlag.de erhältlich. Das ist eine überschaubare Grafik, die anregt, damit zu arbeiten.

Quellen:
Michael Reed Gach: *Fachliteratur Heilende Punkte,* Knaur-Verlag
Dr. S. Bihlmaier: *Die Akupunktur,* Springer-Verlag
M. Hammes: *Akupunktur Kompakt,*
Lehmanns Fachbuchhandlung)

Hinweis:
Normalerweise werden die Symptome durch die Akupressur positiv beeinflusst. Sollten jedoch neue, unbekannte Symptome auftauchen, dann die entsprechenden Punkte weglassen oder die Behandlung unterbrechen.

Meisterpunkte für die Selbstheilung

Dickdarmmeridian

<u>DiDa 1</u> daumenseitiger Nagelfalz, Zeigefinger
Klärt die Sinne und das Denken, beseitigt Entzün-
dungen (beim Zahnarztbesuch empfohlen).
Akupressieren bei
akuten Entzündungen, Schmerzen im Gesicht,
Mund, Rachen, Zahnbereich.

<u>Dida 4</u> Zeigefinger-Daumen-Falte
Am Ende der Falte bildet sich eine Erhöhung, und
genau die Mitte ist Dida 4.
Zangengriff, gegenüberliegende Hand
Reguliert den Dickdarm, entstaut und öffnet den
Meridian und entsprechende Gefäße, harmonisiert
Magen und Darm.
Akupressieren bei
akuten Schmerzen im ganzen Körper, insbesonde-
re bei fieberhaften Erkältungen, Entzündungen im
Kopf- und Rachenbereich, Regulationsstörungen
der Schweißsekretion. Wirft alles aus, was nicht in
den Körper gehört: Stuhlgang, Schmerz, Viren usw.
(Vorsicht bei Schwangerschaft).

<u>Dida 11</u> Ende Ellenbogenfalte bei maximaler Beugung
Reguliert Qi und Darm, schmerz- und juckstillend,
lässt Ödeme abschwellen.
Akupressieren bei
Kopfschmerzen, Schlaflosigkeit, steifem Hals, Na-

ckenschmerzen, Ermüdung, Gereiztheit. Ferner bei Juckreiz, Ekzemen, Akne, allergischen Hautirritationen, hohem und niedrigem Blutdruck, Symptomen des Magen-Darm-Trakts, Klimakteriumsbeschwerden.

Dida 14 cirka 10 cm unter Schulterhöhe unter Musculus Deltoideus in der Grube
Wirkt schmerz- und juckreizstillend, wirkt auf Gelenke, Muskeln, Sehnen.
Akupressieren bei
Schmerzen im Schultergürtel, Schulterverspannung, steifem Nacken.

Dida 15 auf der Schulterkugel – Grube Mitte durch Druck suchen, Punkt spricht an, liegt auf Musculus Deltoideus.
Entstaut und öffnet Meridian- und Blutgefäße, wirkt schmerz- und juckreizstillend, unterstützt Gelenke und Sehnen.
Akupressieren bei
schmerzhaften Bewegungseinschränkungen, Oberarm und Schultern, unterstützt Gelenke und Sehnen.

Dida 20 rechts und links neben den Nasenflügeln unten
Befreit Nase und Lunge, öffnet Meridian, leitet Wind und Hitze aus.
Akupressieren bei
Nasensymptomatiken, Schnupfen, allergischer Rhinitis, Sinusitis, Hautbeschwerden im Gesicht,

Riechstörungen, auch bei Gesichtslähmungen und Missempfindungen, Schwellung im Gesicht.

Lungenmeridian

Lu 1 unterhalb Schlüsselbein-Ende, zur Schulter hin, in der Grube, cirka 2 cm darunter, Punkt oft druckschmerzhaft.
Breitet Lungen-Qi aus, wirkt hustenstillend.
Akupressieren bei
Atemwegsbeschwerden, Bronchitis, Pneumonie, Asthma bronchiale, dadurch Husten und Atemnot, Beschwerden im Schulterbereich, Schulter-Arm-Syndrom.

Lu 2 unterhalb Schlüsselbeinende zur Schulter hin (Grube).
Reinigt, kühlt und senkt das Lungen-Qi ab.
Bessert Atemnot, hustenstillend.
Akupressieren bei
Atemwegsbeschwerden – obere und untere Atemwege, lokale Beschwerden der Schulter.

Lu 7 2 Fingerbreit unterhalb Handgelenksbeugefalte auf Unterarmkante
Reguliert Lungenenergie, entstauend, ausleitend.
Akupressieren bei
Atemwegsbeschwerden mit Husten und Atemnot, Erkältungen im Anfangsstadium, Schmerzen, Lähmungen in Unterarm und Handgelenk.

Lu 9 Handgelenksfalte, unterhalb Daumengrundgelenk, Punkt durch Hin- und Herschieben des Daumennagels suchen.

Fördert Zirkulation von Qi und Blut, wirkt aufbauend und stärkend für Lunge, hustenstillend, schleimlösend.

Akupressieren bei

Atemwegsbeschwerden mit Husten und Atemnot, Handgelenksproblemen, Durchblutungsstörungen und Arrhythmien.

Lu 11 Nagelfalz, Daumen-Außenseite unten

Reguliert Lungen-Qi, wirkt klärend auf Lunge, Rachen, Sinne und Denken.

Akupressieren bei

Entzündungen, Halsschmerzen, Schwellungen im Hals- und Rachenbereich, Atemwegsstörungen mit Husten oder Atemnot, übermäßiger Hitze (Hitzschlag), Bewusstseinsstörungen durch Fieber.

Magenmeridian

Ma 36 4 Fingerbreit unterhalb der Kniescheibe, seitlich außen

Wichtiger Punkt!

Harmonisiert Darm, entstaut und öffnet Meridian und Netzgefäße, kräftigt den Körper, stabilisiert die Psyche, stärkt Magen und Milz, ausgleichend auf Hormonsystem, kräftigt Immunsystem.

Akupressieren bei

Schwächezuständen, psychischer Unausgeglichenheit, Störungen des Magen-Darm-Traktes, chronischen und funktionellen Störungen, schmerzhaften Schwellungen im Kniebereich, Schmerzen und Bewegungseinschränkungen an unteren Extremitäten.

Milzmeridian

Mi 4 Mitte zwischen Fußknöchel und Zehenspitze auf der Fußinnenkante in der kleinen Delle, druckschmerzhaft.

Stärkt die Milz, harmonisiert den Magen.

Akupressieren bei

Übelkeit, Erbrechen, Durchfall, Magen- und Leibschmerzen, Verdauungsstörungen, zum Beispiel Völlegefühl, Blähungen, Verstopfungen, Durchfall, Resorptionsstörungen, auch bei Dysmenorrhö und Prostatitis.

Mi 5 unterhalb Fußinnenknöchel zur Vorderseite hin, Delle

Akupressieren bei

Bindegewebsschwäche, Menstruationsstörungen, Verdauungsstörungen.

Herzmeridian

He 3   bei gebeugtem Ellenbogen, Ende der Beugefalte Arminnenseite
Beruhigt Herz und Geist, öffnet den Meridian, fördert Qi-Zirkulation, wirkt schmerzlindernd.
Akupressieren bei
psychischen Störungen, Verwirrung, Schlafstörungen, manischer Depression, Angina pectoris, Bewegungsstörungen der oberen Extremitäten, Schmerzen im Ellenbogenbereich.

He 7   Handgelenksfalte innen, direkt unterhalb äußerem Handgelenksknochen
Beruhigt Herz und Geist, öffnet Meridian, löst Depression.
Akupressieren bei
Schmerzen im Bereich des Herzens – auch funktionell, Herzstolpern, psychovegetativen Störungen, Schlafstörungen, Unruhe, Angst, Lampenfieber, Prüfungsängsten.

He 9   Nagelfalz kleiner Finger, innen unten
Öffnet Sinne und Denken, beruhigt Geist, klärt Hitze.
Akupressieren bei
Schmerzen im Herzen, Herzstolpern, psychovegetativen und psychosomatischen Störungen, Fieber mit Bewusstseinsstörungen.

Dünndarmmeridian

Dü 3 Handaußenkante, unter Kleinfingergrundgelenk spürbar
Klärt das Herz, öffnet Meridian und Lenkergefäß, stärkt Sehkraft, allgemein beruhigend, entspannt Muskeln.
Akupressieren bei
entzündlichen Erkrankungen, Augen, Rachenraum, Ohren, Tinnitus, Schwerhörigkeit, Erkältungen, Kopfschmerzen Schmerzen allgemein, Verspannungen und Bewegungseinschränkungen der HWS sowie der oberen Extremitäten, psychischen und psychosomatischen Anfallserkrankungen.

Blasenmeridian

Bl 31 erstes Sakralloch – auf dem Kreuzbein oben, daumenbreit neben der Mittellinie
Wechseljahrsbeschwerden
Akupressieren bei
Erektiler Dysfunktion, gynäkologischen Störungen.

Bl 40 hintere Kniegelenksfalte, Mitte der Beuge
Entstaut und öffnet die Leitbahn und Netzgefäße, stärkt den unteren Rückenbereich und die Knie.
Akupressieren bei
Schmerzen, Krämpfen und Paresen im LWS- und Beinbereich, Kniebeschwerden, akuten Bewusstseinsstörungen, Erkrankungen der Hirn und Hirn-

gefäße, Blasen- und Nierenerkrankungen, Dysurie, Gastroenteritis, Hauterkrankungen.

Bl 62 direkt unterhalb Fußaußenknöchel
Klärt Bewusstsein, beruhigend, krampflösend, schmerzstillend, öffnet Leitbahn und Netzgefäße.
Akupressieren bei
Kopfschmerzen, Benommenheit, Schwindel, schmerzhaften Beschwerden im Sprunggelenk- und Fersenbereich, Krampfneigung, Schlaganfall, psychischen und psychosomatischen Beschwerden, Sucht, Schlafstörungen.

Nierenmeridian

Ni 2 Fußinnenseite, Mitte zwischen Knöchel und großem Zeh, unterhalb des knöchernen Bereichs in der Fußwölbung
Akupressieren bei
Stoffwechselproblemen, gynäkologischen Störungen, Störungen der Sexualfunktion des Mannes, Beschwerden im Bereich des Fußes und der unteren Extremitäten.

Ni 6 Fußknöchel Innenseite, untere Spitze
Beruhigt den Geist, wirkt schlafinduzierend.
Akupressieren bei
Erkrankungen des Urogeniataltraktes und der Harnwege, Miktionsstörungen, Menstruationsstörungen, Juckreiz im Genitalbereich, Fluor genitalis, Uterus-

prolaps, Klimakteriumsbeschwerden, Müdigkeit, Schlafstörungen, Unruhe, Angstzuständen.

Perikard

Pe 6   3 Fingerbreit unter Handgelenksfalte, Innenarm, zwischen den Sehnen
Beruhigt den Geist, harmonisiert die Mitte, wirkt schmerzlindernd, entstauend, reguliert das Qi, stärkt die Milz.
Akupressieren bei
Beschwerden im Thoraxbereich, Angina pectoris, Herzstolpern, Beklemmungsgefühl in der Brust, Oberbauchbeschwerden, Magenschmerzen, Übelkeit, Erbrechen, Sodbrennen, Geschwüren. Bei Angst- und Erregungszuständen, vegetativen und depressiven Störungen, bei Schmerzen und Bewegungsstörungen des Unterarms.

Lebermeridian

Le 2   Fußrücken, zwischen erstem und zweitem Zeh, unterhalb Zehenzwischenraum
Besänftigt die Leber, mobilisiert Wasser.
Reguliert die Menstruation.
Akupressieren bei
hohem Blutdruck, Menstruationsbeschwerden, Kopfschmerzen, Krampfanfällen, Apoplex, Harnwegsinfekten, Inkontinenz.

Le 3 3 Fingerbreit unter Zehenzwischenfalte erstem und zweitem Zeh

Reguliert, beruhigt und entstaut die Leber, beruhigt den Geist, schmerzlindernd, stärkt die Milz, beseitigt Stagnationen.

Wirkt bei abnormaler Esslust.

Akupressieren bei

hohem Blutdruck, Zyklusstörungen, Klimakteriumsbeschwerden, prämenstruellem Syndrom, Harnwegsstörungen, Dysurie, krampfartigen Schmerzen in Kopf, Bauch und Magen, Unruhe und Erregungszuständen, Epilepsie, Leber- und Gallenerkrankungen, Schmerzen und Bewegungsstörungen in Bein und Fuß.

Lenkergefäß

LG 20 Kopfmitte, direkt hinter höchster Erhebung, Delle

Beruhigungspunkt

Klärt den Geist, öffnet die Sinne, wirkt schmerzstillend.

Akupressieren bei

Schwindel, Kopfschmerzen, zerebralen Durchblutungsstörungen, Gleichgewichtsstörungen, Apoplex, Benommenheit, Unruhe, Angstzuständen, Schlaf- und Gedächtnisstörungen, Entzugssymptomen bei Sucht, Depression, Krampfanfällen, Epilepsie, Prolaps im Rektum, Anus oder Uterus.

LG 26 zwischen Nasenspitze und Lippe, obere Mitte der Rinne

Schock- und Notfallpunkt! Merken!

Klärt und beruhigt den Geist, öffnet die Sinne, unterstützt die Lendenwirbelsäule, wirkt krampflösend.

Akupressieren bei

zerebralen Durchblutungsstörungen, Apoplex, Bewusstlosigkeit durch Schock, Krampfanfällen, Fieberkrämpfen, Epilepsie, Muskelticks an Lidern und Mund, Kopfschmerzen, psychischen und psychosomatischen Erkrankungen, akuten Beschwerden der Lendenwirbelsäule.

♥♥♥

Heilkraft durch Sex

Hier kommt keine Anleitung über die „schönste Sache der Welt" (?), nein! Ich möchte das Verständnis dafür öffnen, dass Sex sehr wohl heilsame Wirkungen entfalten kann – und dies nicht nur mit einem Partner, sondern vor allem im und mit dem eigenen Körper.

Allein durch die Ausschüttung einer ganzen Palette von Hormonen beim sexuellen Höhepunkt kommt der Körper in die so heilsame EKSTASE (Kundalinikraft steigt auf) und in den Genuss wunderbarer Energien für seine Ausbalancierung und Heilung. Haben wir guten Sex, fühlen wir uns meistens sehr entspannt, ausgeglichen, erfrischt, und es kann daraufhin ein erholsamer Schlaf folgen.

Nachfolgend ist ein Überblick der Hormone dargestellt, die in einem einzigen Biochemie-Cocktail beim körperlichen Sex ausgeschüttet werden.

Adrenalin
wirkt ähnlich wie ein Aufputschmittel. Sind wir frisch verliebt, dreht unser Kreislauf auf Hochtouren, und die Nebennieren produzieren eine Menge dieses Hormons.
Noradrenalin
ist ein Stimmungsaufheller. Als Botenstoff weckt er auch unsere Lust auf Sex.
Dopamin
macht euphorisch. Ein Gefühl von „Ich liebe euch alle und die ganze Welt" durchströmt uns, und wir brauchen weder Nahrung noch Schlaf.

Östrogen

das bekannteste weibliche Hormon steigert bei Frauen die Libido.

Oxytocin

wird vom Körper beim Liebesspiel und beim Orgasmus gebildet. Ist es in hoher Konzentration vorhanden, sind wir treu und gerne partnerschaftlich verbunden.

Serotonin

das Glückshormon. Es steht für Balance und Zufriedenheit.

Durch die Werbung, die Schönheits- und die Sexindustrie wird die Aufmerksamkeit der Menschen immer wieder nur auf äußere sexuelle Merkmale gerichtet. Dadurch haben die meisten Frauen, und inzwischen auch eine große Zahl der Männer, Probleme, sich selbst anzunehmen und auszudrücken, wie es in ihrem Empfinden ist. Sie haben Potenz- und Erektionsprobleme, Libidomangel oder Empfindungs- und weitere sexuelle Störungen. Fest sitzen die unterbewussten Konditionierungen und Prägungen, die uns nicht mehr in allumfassender Weise diese menschlichen Instinkte ausleben lassen. (Ich kann ja hier eher für das weibliche Geschlecht sprechen.)

Liebe Frauen, die ihr dieses lest, wann habt ihr euch das letzte Mal wohlwollend im Spiegel betrachtet? Ich meine jetzt mal nicht die schlanken, „durchgefasteten", disziplinierten Veganerinnen oder Lichtnahrungspraktizierenden.

Ich meine dich, dich und dich. Wann war das letzte Mal? Wann hast du dir selbst liebevoll in die Augen geschaut, deinen Körper betrachtet und zu dir selbst gesagt: „Ich bin vollkommen, wie ich bin – ohne perfekt zu sein (zu wollen!). Ich liebe jede

Facette meines Körpers!" Nie? Vor einiger Zeit? Manchmal? Und wie oft hast du dich angeschaut und hattest einiges zu bemängeln? Ja, ich weiß. Da sehen wir, wie wir mit unserem Körper hadern.

Wie wenige Seelen haben denn das Glück, mit einem makellosen Body oder einem wunderschönen Antlitz – sowohl weiblich als auch männlich – gesegnet zu sein? Und genau diese Seelen werden für lukrative Werbeverträge gecastet.

Die Masse entspricht selbstverständlich nicht diesen „Traumkörpern auf Traumfotos", die immer digital retuschiert, schöngezeichnet und nachbearbeitet wurden. Der Großteil der Menschen ist vielleicht mittelmäßig schön und auf jeden Fall anders, als die Werbestrategen es uns weismachen wollen, um ihre Produkte zu verkaufen.

Wären die meisten Menschen jedoch ebenmäßig schön und sexy, dann würden die Dicken und Unattraktiven, die „Zerknitterten" und „Dürren" von den Werbeplakaten strahlen, und die makellos Schönen würden sich nur noch eins wünschen: Lass mich sein wie sie (oder er)! Stellt euch dies einmal vor. Ist es nicht belustigend? Das Seltene ist meistens begehrenswert.

Kürzlich sah ich eine Hollywood-Film-Dokumentation. Darin kam sehr deutlich zum Ausdruck, dass mit Vertragsunterzeichnung der Körper des Schauspielers nie mehr ihm alleine gehört. Das bedeutet, ab diesem Zeitpunkt hat die Filmfirma (Modelfirma, Werbefirma oder sonstige in diesen Branchen) längst die Zügel fest in der Hand und lockt mit lukrativen Angeboten. Sie bestimmt mit Nachdruck, wie viel der künftige Star (?) abzunehmen hat, um sich ideal für die Kamera zu modellieren, wie er trainiert wird, welche Maßnahmen für eine Gesichtsverschönerung in Erwägung gezogen werden (auch OPs), welches Fitnessprogramm täglich zu absolvieren ist, welches Diät-Coaching für ihn angesetzt wird usw.

Erst wenn sie dann wirklich erfolgreiche Stars sind, haben sie hin und wieder ein Wörtchen mitzureden. Dann sind sie jedoch längst mit dem Virus des Schönheitswahns „infiziert". Ist das erstrebenswert?

Nicht einmal die Outfit-Ideen kreieren die sogenannten Stars und Sternchen selbst, die manchmal wochenlang oder monatelang am TV-Himmel glitzern... bis, ja, bis sie schließlich nach kürzerer oder längerer Zeit eiskalt abserviert werden. Die Masse durfte sie in großangelegten Shows allabendlich begaffen und die Quoten mitbestimmen.

Zurück bleiben lediglich einige glanzvolle Fotos, der Hauch von Starrummel, Blitzlichtgewitter und Zeitungskolumnen. Und das war es auch schon. Einige der verwirrten Wesen lassen sich noch darauf ein, bei mittelklassigen Events ein Stelldichein für sehr viel weniger Geld zu geben, und vorbei ist es. Der Katzenjammer ist am Ende umso größer.

Natürlich haben ihre Seelen arg gelitten, je nachdem, wie gefestigt und erfahren sie in den Ring gestiegen sind. Doch das stört die Veranstalter und Produzenten recht wenig, sie haben alle miteinander ein lukratives Geschäft gemacht und hatten sehr viel Spaß... Vielfach auch nach den Shows!

Das „gute Geschäft" belegte in Deutschland schon immer den ersten Rang aller zu vergebenden Plätze – mit Moral oder ohne, das steht doch nirgendwo.

Es zählt der Euro in der Hand und sonst nichts! Oder?

Ich empfinde, dass es einer ganzen Gesellschaft nicht gut-tut, wenn sie den wahren Wert eines Menschen auf diese Art und Weise („Benutzen" und „Verschleißen") herabwürdigt.

Das Körperhaus ist nur der vorübergehende Aufenthalts-ort der Seele. Wir sind hier, um ihren Weg zu beschreiten und nicht, um uns in den Fangnetzen der Illusionen über körperliche Hüllen und äußeren Schein noch tiefer zu verstricken.

Jeder Mensch hat es verdient, akzeptiert und integriert zu werden – ungeachtet seiner äußeren Erscheinung oder seiner Hautfarbe und Abstammung. In einigen Jahrzehnten werden wir so weit in unseren Manifestationen sein, dass wir unser Äu-ßeres entsprechend unseres geistigen Vermögens beliebig ver-ändern können. (Heißa, da geht es rund!)

Dann wird zu Tage treten, wessen GEISTES Kind ein jeder ist. Wir werden in der Lage sein, entsprechend der angesagten Party des Lebens schlank oder kurviger, groß oder klein, ge-lockt oder „gefranst", älter oder jünger zu transmutieren. Wir werden mehr mit unserem Äußeren spielen, es nicht mehr als ausschließliche Realität betrachten, da ja der Körper Energie ist. Wir werden vielleicht heute als weise, ältere Dame erschei-nen und morgen als sexy Teenager, hier als kraftstrotzendes

Testosteronbündel und dort als feinsinniger Gentleman daherkommen.

Energie ist formbar! Ich kenne einige (wenige) Meister, die sich den Traumkörper ihres Lebens durch geistige Praktiken erschaffen haben. In ähnlicher Weise habe ich meinen Klientinnen mehrfach erfolgreich die Gesichtszüge verjüngt.

Unser Äußeres, unser Alter oder unsere Gewichtsklasse jedenfalls sollten am besten nichts zu tun haben mit gutem oder weniger gutem Sex. Wer seine Aufmerksamkeit dabei zu sehr auf Äußerlichkeiten konzentriert, wird die genialen Möglichkeiten der Energievibrationen durch Sex niemals erfahren!

Und Gott weiß, ein Orgasmus durch Geschlechtsverkehr ist nur ein klitzekleiner Teil der hochschlagenden Wellen, die wir – Männer wie Frauen – erleben können, wenn wir unserem Atem, unserer Aufmerksamkeit und Kreativität und dem freien Fließen einen Raum geben...

Tantra zeigt einen wunderbaren Weg, und es gibt viele weitere Möglichkeiten, im bewussten Sein und mit Konzentration auf bestimmte Aspekte eine Woge des Wohlfühlens und der Energievibrationen selbst zu erzeugen und zu erleben.

Beim Sex in der „Neuen Energie" erfahren wir die Kundalinikraft, spüren mehr und mehr unsere innere Quelle, und das ist selbstverständlich auch ohne Partner möglich.

Im Kundalini-Yoga beispielsweise geht es darum, diese wundervolle Kraft zu erfahren und dadurch den Körper zu heilen.

Verknüpfen wir in den speziellen Übungen unsere Konzentration, die Atmung und Körperhaltung auf eine bestimmte Art miteinander, steigern sich Wohlbefinden und Ausgeglichenheit. Nerven-, Drüsen- und Immunsystem werden gestärkt und die Selbstheilungskräfte aktiviert.

Die Praktizierenden können das innere Wechselspiel zwischen Körper, Geist und Seele besser erkennen und spürbar erleben. Jeder findet dadurch zu mehr Gesundheit, kann sich durch die Energievibrationen gut ausdehnen und sich selbst verschiedene Tore öffnen. Bei kraftvollen Kundalini-Schüben geht ein Zittern durch alle Felder und den gesamten Körper, was manchmal bis zu einer Stunde und auch länger andauern kann. Manche Yogis brechen in schallendes Gelächter aus oder schweben Stunden und Tage auf diesem Frequenzteppich.

Wollt ihr mehr Anleitung? Erlernt es von einem ausgebildeten Yoga-Lehrer oder Meister, weil es keinen Sinn macht, darüber zu theoretisieren. Ich möchte lediglich die Möglichkeiten vorstellen, einen Überblick geben, und euch damit vielleicht neue Wege öffnen.

Entwickelt sich unser Seele mehr und mehr in die geistige Richtung, spüren wir plötzlich, dass wir auf den neuen Ebenen mit anderen Wesen auch sexuell verbunden sind. Ich habe schönste Liebesnächte dabei verbracht und musste mich am Morgen eine ganze Weile schütteln und erden, um zu kapieren, dass es nicht unsere materielle Dimension war, in der ich nächtens so ausschweifend unterwegs war. Es waren wundervolle Begegnungen mit Seelenpartnern – und jedes Mal waren sie mir, obwohl völlig verschieden, sehr nah! Ich konnte jedes

Detail des Körpers fühlen, in ihre Augen sehen und mich darin verlieren – höchste Ekstase durchrauschte so mein Sein, eine ganze Zeit lang.

Mögen diese Erlebnisse zwar in anderen Welten stattfinden, sind sie doch nicht weniger intensiv und betörend.

Ähnlich wie bei einer Meditation sind der Atem, die Konzentration sowie die Entwicklung unseres vertikalen Energiekanals wichtige Aspekte, um die fließenden Energieströme zu empfangen.

♥♥♥

Wie richte ich nun mein Kreuz wieder auf?

Die Wirbelsäule – auch Tanzsäule oder Lichtsäule genannt – ist der Dreh- und Angelpunkt im ganzen Geschehen der Wandlungsprozesse. Wie oft fühlen wir uns an diesen Stellen „durchgedreht", „ausgeleiert", steif, „verhakt" oder blockiert? Kein Wunder, denn in Aufwärts- und Abwärtswirbeln kommen rechtsdrehende, kraftvolle Ströme durch diesen Kanal, um dann von unserem Körper auf Materiedichte abgebremst und integriert zu werden.

Je mehr wir im lichtvollen herzzentrierten Bewusstsein alle Wege und Aufgaben erledigen und Dinge annehmen, die da täglich hereinströmen, umso mehr wird dieser „Kanal des Metatron" aktiviert, um uns als Transformationswerkzeug zur Verfügung zu stehen.

Außer den vertikalen Strömen erreicht uns jedoch auch das horizontale Dunkel der Menschen, die noch nicht allein in der Lage sind, es für sich erfolgreich zu wandeln. Wer soll das übernehmen, wenn nicht wir „Leuchttürme"?

Natürlich kommt es immer wieder vor, dass wir schmerzhaft spüren, wo eigene alte Muster sitzen, die in der entsprechenden Region gespeichert sind und die wir loslassen dürfen. Oder wo die dichten Energien hängenbleiben, die wir aus unserem Umfeld (Arbeits-, Familien-, Nachbarschafts-, Klienten- oder Freundeskreise) freundlicherweise auf uns nehmen, um sie in einem Zuge mit zu transformieren.

Da ich auf das brisante Thema in anderen Kapiteln ausführlicher eingehe, habe ich an dieser Stelle lediglich einige leichte Übungen aufgezeichnet.

Hinweis:

Kopiert die nachfolgenden Übungstafeln auf A3-Format, so könnt ihr nach Vorlage immer mal eine Rückenübung durchführen.

♥♥♥

Akmon-Schritt für die Wirbelsäule

Habt ihr Lust auf Übungen? Dann habe ich noch eine leichte Unterstützung für jedes Alter und jedes Wirbelsäulenproblem.

Der Akmon-Schritt
Dieser besondere Schritt entstammt der Dorn-Methode (die ich vorübergehend noch empfehle) und mobilisiert die gesamte Wirbelsäule vom Steißbein bis zur Halswirbelsäule. Wir können ihn unkompliziert im Büro oder rasch zwischendurch ausführen. Täglich fünf Minuten reichen dafür aus!

1. Marschschritt, Beine anheben, Knie zum rechten Winkel anheben.
2. Arme locker im Schritttempo mitnehmen. Unterarme sollen parallel zum Körper schwingen.
3. Dann die Beine nicht mehr gerade halten, sondern jeweils auf die gegenüberliegende Seite ziehen, die Arme schwingen so entgegengesetzt zu den Knien (rechter Arm zieht nach links, linkes Bein nach rechts).
   Es sieht jetzt so aus, als würde man etwas übertriebener marschieren.
4. Am Schluss dreht sich der Kopf immer in Richtung der Beine und die Arme schwingen genau entgegengesetzt.

Alles verstanden? Gut, dann beginnt jetzt!

Wenn es im Rücken knackt, sind es blockierte Wirbel, die sich wieder an ihren richtigen Platz bewegen. So könnt ihr auch einige Blockaden loswerden.

Der Akmon-Schritt = Smrti täglich!

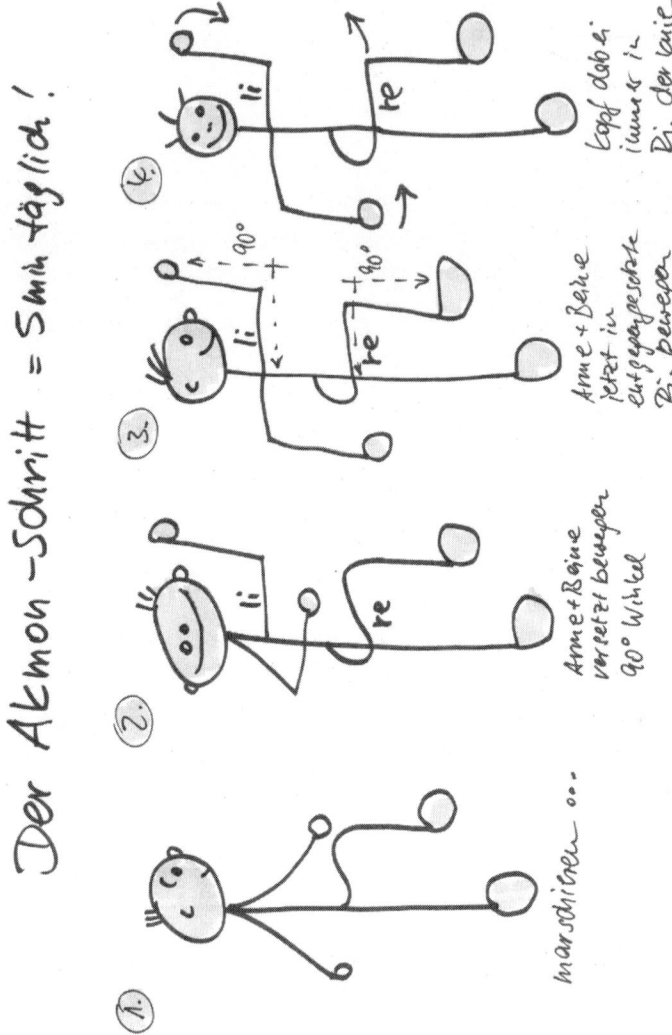

1. marschieren ...

2. Arme + Beine
vorvertel bewegen
90° Winkel

3. Arme + Beine
jetzt in
entgegengesetzte
Ri. bewegen

4. Kopf dabei
immer in
Ri. der Knie

Wirbelsäulen – Übungen

1. vorwärts   rückwärts   2. auf d. Halbrolle

auf d. Matte: alle Übungen nach rechts u. links

3.

4. Dreieck   Katze   Hohlkreuz

immer abwechselnd

5. Kobra   Rolle vor + zurück rechts + links   LWS-Dehnung

Stretching und Surya-Yoga

Ich kann es gar nicht genug betonen, wie wichtig Stretching und Yoga in dieser Zeit für den Körper sind – allerdings ohne Stress und Zwang, denn die Umstrukturierungen sind so intensiv, dass sie zeitweise all unsere Kraft erfordern, und das noch über einige Jahre.

So ist es an energetisch „aufreibenden" Tagen beispielsweise vernünftiger, auf seinen Körper zu hören und lieber zu schlafen oder sich einfach zu pflegen und zu schonen, anstatt sich anstrengenden Körperübungen zu widmen. Das schenkt uns neue Vitalenergie, eine gehörige Portion Kraft und Gelassenheit.

Wenn wir uns gut fühlen, können wir uns mit Freude bewegen. Die Energien werden dann schneller in den Körper eingebaut, und er wandelt sich so viel leichter. Dazu dienen einfaches Stretching und vor allem Yoga in hervorragender Weise.

Einige schöne und leichte Übungen aus meinem unregulären Programm habe ich euch hier aufgezeigt. Inspirierender ist es jedoch, sich einer netten Yoga-Gruppe anzuschließen und in gemeinsamer Freude und Begeisterung die entsprechenden Asanas professionell zu erlernen.

Habt ihr einmal das Programm richtig gut drauf, dann ist es wundervoll, es jederzeit zu Hause umzusetzen.

Habt Freude!

Surya-Yoga-Praxis

Finde einen schönen, ruhigen Platz in der Natur, an dem du dich diesen leichten, befreienden Übungen in aller Ruhe widmen kannst (zweiter Teil folgt in Band 2).

1. *Beginne mit der Geste für den Erdfrieden (Kopfmitte). Atme vertikal vom Herzen der Erde durch dich durch, hoch zur Sonne. Summe die dritte Silbe von „OM" – „Mmmm". Spüre, wie du den Sonnenfluss integrierst.*

2. *Streiche nun den Balsam der Sonne über dein Gesicht und deinen Körper nach unten. Summe alle Übungen hindurch die dritte Silbe von Omkar „Mmmm".*

3. *Streiche den Körper entlang bis nach unten*

4. *Ziehe die Sonnenenergie bis über beide Füße. Schwinge deine Hände darüber hinaus, um die alten Energien abzustreifen. Nimm gleichzeitig frische Energie auf und beginne sie über die Füße nach oben zu ziehen.*

5. *Streiche dann über die Vorderseite der Beine wieder aufwärts, bis zum Bauchbereich.*

6. *Ziehe deine Hände kreisförmig zweimal um dein Nabelzentrum. (Hände beim Überkreuzen übereinander streichen).*

7. Ziehe nun von einem Arm aus über den Körper das Sonnenlicht über dich (Arm 45°).

8. Verlagere das Gewicht dabei nach rechts.

9. Strahle die Energie von deinen Fingerspitzen ab.

10. Wiederhole diese Bewegung rechts. Summe: „Mmmm".

11. Ziehe das Sonnenlicht über den Arm und den Körper.

12. Strahle die pranischen Energien in die Erde.

13. Bewege die Energie aufwärts zum Gesicht.

14. Ziehe die Sonnenstrahlen über deinen Kopf...

15. ...über Hinterkopf und den Nacken.

98

16. *Fahre den Rücken weiter hinunter.*

17. *Bewege deine Hände die Körperrückseite hinunter bis zu den Füßen, über die Fersen.*

18. *Berühre auch deine Zehen.*

19. *Gehe wieder über die Vorderseite des Körpers zurück...*

20. *...und ziehe das Licht über deine Brust...*

21. *...über deinen Kopf.*

22. *Vervollständige nun deinen Lichtschutz und wende dich mit geöffneten Armen der Sonne zu, indem du das „Mudra des Empfangens" formst.*
Visualisiere die Sonne zwischen deinen Händen.
Singe: „Alakh Niranjan!"

Ich danke **Yogiraj Gurunath Siddhanath**, der mich seinerzeit in Kriya initiierte und dabei auch diese wunderbare Sonnen-Yoga-Asanas lehrte, die ich zwar nicht täglich, doch gelegentlich durchführe.
Gurunath folgt der Kriya Tradition von Mahavatar Babaji. Er hat außer zahlreichen Veröffentlichungen über Kriya, Surya und mehreren geistige Themen auch eine Meditation für den Erdfrieden ins Leben gerufen. Wer Interesse hat, kann gerne einmal im Internet nachschauen.
Da ich keine Yoga-Lehrerin bin, habe ich die Übungen so aufgenommen und dargestellt, wie wir sie praktizieren.
Natürlich möchte ich auf die Möglichkeit verweisen, diese durch die Anleitung eines autorisierten Hamsa Yogalehrers zu erlernen!

Die Natur heilt –
Silber, Gold und Kupfer helfen

Ein „Allheil-Mittel" ist das kolloidale Silber. In langen Jahren meiner Praxis habe ich es immer wieder im Auftrag meiner Klienten bereitgestellt und damit vielen zur Selbstheilung ihrer gesundheitlichen Probleme verholfen.

Es gibt eine Reihe von Büchern über kolloidales Silber, und es ist vorteilhaft, sich damit auseinanderzusetzen, um für Kinder und Familie jederzeit wirksame Mittel zur Hand zu haben. Meistens kommen die gesundheitlichen Probleme rascher, als es uns lieb ist, und nicht jeder ist so weit geöffnet, um sich durch einen Heiler energetisch helfen zu lassen. Ich halte viel von Energiemanagement. So lange die Mittel noch greifen, können wir sie auch parallel zu den geistigen Praktiken anwenden.

Es zeigt sich bereits sehr deutlich, dass herkömmliche, Maßnahmen mit Antibiotika versagen, weil der Körper durch jahrelangen Missbrauch mit Antibiotika Resistenzen entwickelt hat. In solchen und auch in vielen anderen Fällen ist „Kosi" – wie es umgänglich bezeichnet wird – eine echte Alternative. Ich wurde Zeuge von Heilungen bei Grippe, Halsweh, Schnupfen, Infekten aller Art, Hautsymptomen, Borreliose im Anfangsstadium, kleineren bis mittleren Wunden, Augeninfektionen, Herpes, verschiedenen Entzündungen innerhalb des Körpers und vielen weiteren Beschwerdebildern. Selbst unsere Haustiere sprechen ausgezeichnet auf dieses Mittel an, und wir können viel Geld sparen für entsprechende Parasitenkuren oder andere medikamentöse Anwendungen. Ich möchte es nicht missen! (Empfehlung: das Gerät kostet cirka 140 bis 200 €.)

Hier einige Auszüge aus Schriften und Büchern zu kolloidalem Silber.

„Fast alle Arten von Pilzen, Viren, Bakterien, Streptokokken. Staphylokokken und andere pathogene Organismen werden in drei bis vier Minuten abgetötet. *„Tatsächlich ist kein Bakterium bekannt, das nicht durch kolloidales Silber innerhalb von höchstens sechs Minuten eliminiert wird, bei einer Konzentration von nur fünf Milligramm pro Liter (ppm). Und selbst bei hohen Konzentrationen gibt es keine Nebenwirkungen.“*
(Health Consciousness, Vol. 15, 4)

„Es steht nicht in Konflikt mit irgendeiner anderen Medikation und führt auch nicht zu Magenbeschwerden. Tatsächlich ist es eine Verdauungshilfe. Es brennt nicht in den Augen. Medizinjournal-Berichte und dokumentierte Studien der letzten hundert Jahre sprechen von keinen Nebenwirkungen durch oral oder intravenös verabreichtes Silberkolloid, weder bei Tieren, noch bei Menschen. Es wurde mit hervorragenden Ergebnissen bei hochakuten Gesundheitsproblemen eingesetzt. Ohne übertreiben zu wollen: Es ist an der Zeit, kolloidales Silber nicht nur als sicherste, sondern auch als wirksamste Medizin der Welt anzuerkennen.“
(Perceptions Magazine)

Auch hier wird kolloidales Silber als Naturheilmittel angesehen

„Lebensnotwendige Bakterien im Körper werden durch kolloidales Silber nicht angegriffen, seine Wirkung beschränkt sich

ausschließlich auf die aggressiven Mutanten. Nebenwirkungsfrei unterstützt Silberkolloid gleichzeitig das Immunsystem. Antibiotika dagegen sind dafür bekannt, dass sie das Immunsystem schwächen. Eine große Zahl dokumentierter Studien aus den letzten hundert Jahren führen weder bei Menschen noch bei Tieren Nebenwirkungen auf.

Seit einigen Jahren spricht man in alternativen Kreisen und auch darüber hinaus längst vom „Wiedererwachen der Kolloidforschung", denn die Heilwirkung von Silber war bereits in der Antike bekannt. Berühmte Ärzte und Heiler des Mittelalters wie Paracelsus und die Äbtissin Hildegard von Bingen verwendeten Silber. Selbst als Konservierungsmittel diente es amerikanischen Goldgräbern, die in ihre Trinkmilch Silbermünzen hineinlegten. Erst viel später – Mitte des 19. Jahrhunderts – wurde entdeckt, dass Silber in kolloidaler Form noch viel mehr nutzen kann.

Das weitaus gewinnträchtigere Geschäft der Pharmaindustrie mit synthetisierten Antibiotika stieß jedoch bald das einfache und selbst herzustellende Mittel, kolloidales Silber, von seinem Platz.

Die Krise im Gesundheitswesen und immer weitere Resistenzen gegen Antibiotika haben mittlerweile die vielseitigen Anwendungsmöglichkeiten von kolloidalem Silber nun wieder in den Fokus der Heilkunde befördert."

(Veröffentlichte die amerikanische FDA – Food & Drug Administration)

Kolloidales Goldwasser

Auch dem **kolloidalen Gold** gebührt höchste Beachtung. Sehr viel weniger bekannt als das Silberwasser dient das kolloidale Goldwasser unter anderem dazu, die Intelligenz zu fördern.

In verschiedenen Berichten aus Zeitschriften und Internet heißt es weiter, dass es die elektrische, interzelluläre Kommunikation tausendfach verstärken kann. Es soll ebenso die Nerven beruhigen und ausgleichend auf die Psyche wirken. Auch bei Schlafproblemen und Suchtdispositionen kann es sehr hilfreich sein. Bei längerer Einnahme können sich selbst die kolloidalen Eigenschaften des Blutes verbessern und so einen effektiven Einfluss auf den Stoffwechsel ausüben.

In der Schönheitspflege wird es mittlerweile in immer mehr Produkten eingesetzt, weil es den natürlichen Feuchtigkeitshaushalt der Haut ausbalanciert und trockene, rissige Haut wieder weich und glatt wird. Schlaffe Partien lassen sich so straffen. (In den Regenbogensprays sind neben alchemistischen Ingredienzien teilweise auch Kolloide enthalten.) Kolloidales Goldwasser kann selbst Haarausfall bremsen und erneutes Wachstum fördern.

Besonders interessant klingt, dass Goldwasser die Zirbeldrüse aktivieren und damit verbundene Effekte, wie verbesserte Wahrnehmungsfähigkeit und mehr Sensitivität für Energien, bewirken soll.

Das konnte jedoch bisher nicht nachgewiesen werden.

Besitzt man einen Silvermaker (Kosi-Gerät), ist es einfach, mit zwei zusätzlichen Elektroden auch die Goldstäbe für Kolloide anzuschließen.

Ein kinesiologischer Test oder das Pendeln bieten immer eine gewisse Orientierung bezüglich Einnahmemenge, Konzentration oder Einnahmedauer.

Ich teste seit vielen Jahren alle Mittel, Essenzen und andere Substanzen ausschließlich mit dem Pendel und kann anhand der Energieveränderung sehr gut feststellen, wie die Empfehlungen im Einzelfall sind. Das energetische Testen erleichtert vieles, denn es bringt uns immer mehr mit unserer Essenz in Verbindung (siehe Vitalwert-Skala).

Aurum portabile

Ein Hinweis gilt auch die Alchemisten-Essenz *Aurum potabile*. Darin ist Gold in Alkohol gelöst.

Das Gold wird zermahlen, mit Flüssigkeiten vergoren, mit Substanzen versetzt und immer wieder destilliert. Die Reste werden zu Asche verbrannt, das Lösliche herausgespült und gemeinsam mit der anderen Flüssigkeit aufs Neue destilliert – monatelang und streng nach den Rhythmen von Sonne und Mond. Die dabei entstehenden Goldtröpfchen sind eine ganz besondere Essenz, die in Wasser eingenommen werden kann.

Kupfer

Eine Kupferpyramide unterstützt zum Beispiel die Vernetzung mit den kosmischen Urkräften. So kann eine Kupferskulptur im Wohnraum sämtliche Störstrahlen absorbieren – auch aus dem mentalen Bereich. Kupfer dient im Garten dem Pflanzenaufbau und der Wärmesteigerung in Kompost und Erdboden (Pulver oder Granulat). Kupfer im Regenwasser verhindert die Verbrackung und Veralgung desselben in (Plastik-)Tonnen. Kupfer schützt auch das Teichwasser.

Schließlich werden Gartengeräte aus Kupfer angeboten, und Insider wissen genau, wie Bodenqualität und Pflanzenwachstum den Einsatz dieser Geräte rechtfertigen. Anders als Eisen oder Stahl – den heute gängigen Materialien für Gartenwerkzeuge – wirkt sich Kupfer positiv auf die Wasserspeicherfähigkeit des Erdreichs aus und trägt so zur Verbesserung des Bodens und des Pflanzenwachstums bei.

Kupfer als Kopfbedeckung erhöht die psychische, mentale und spirituelle Leistungsfähigkeit des Menschen. (Ich habe am Anfang gerne mit Hilfe einer Kupferpyramide den Kontakt aufgebaut, weil es die Energien besser „hereingezogen" hat. Na ja, ein bisschen Blödsinn kann ja nicht schaden, oder?)

Schließlich machen uns gerade die unverkrampften Momente so richtig mit den höheren Energien vertraut.

Kupfer könnte man als ein Allround-Metall dieses Jahrhunderts bezeichnen, und seine Potenziale sind längst nicht umfassend erforscht.

(Quelle: Kupfer in der Landwirtschaft und im täglichen Leben, W.-D. Alsen)

Ernährung nach Zustimmung

*„Die gesamte Menschheit ist seit 1989 unabhängig von
stofflicher Nahrung: unabhängig von der Notwendigkeit zu
essen, unabhängig von Nahrungsmittelallergien und Diäten,
unabhängig von biochemischen Brennstoffen und Verdauung,
unabhängig vom Hungertod. Doch sie leiden und sterben noch.
Warum? Wir haben zu erkennen, dass es niemals um stoffliche
Nahrung ging, dass sie ein Nebenkriegsschauplatz ist, ein Mittel
zum Zweck der geistig-seelischen Reifung. Nach wie vor sind
Gefühle und Gedanken die ausschlaggebenden Kräfte. Nach
wie vor entscheidet die eigene innere Haltung über Tod oder
Leben. Der Geist der Nahrung steht in unmittelbarer Resonanz
mit dem Geist des Menschen."*

(Sabine Wolf: *Kristallmensch*)

Darin liegt bereits der wichtigste Zusammenhang, um den
es jetzt geht. Jeder kann für sich selbst hineinspüren, wie diese
Inhalte umzusetzen sind.

Ich selbst bin eher Genussmensch und nicht für die Askese
gekommen. Ich erinnere mich diesbezüglich an die Geschichten
einiger Gurus, die bereits vor Jahrzehnten für ihre Anhänger die
köstlichsten Gerichte herstellen ließen. Und das in Gebieten,
in denen Armut und Hunger vorherrschten. Sie haben natürlich
das Essen energetisch aufgewertet und vieles daran bereits
manifestiert!

Mein Dafürhalten ist, dass wir in wenigen Jahren ebenso
verfahren – nachdem wir alle obengenannten Aspekte erfüllt
und geheilt haben. Denn das Universum ist Fülle! Wir werden

draußen, in der freien Natur – im Sonnenuntergang meinetwegen – an vollbeladenen Tafeln lachen, feiern, glücklich sein und leckerste Köstlichkeiten genießen... und dabei eines empfinden: ein ausgesprochen gutes Gefühl!

Bis dahin können wir uns, um unsere Körperprozesse effektiv zu unterstützen, hin und wieder einen Verzicht gönnen. Die Zeiten des Wandels sind jedoch rau, und ich kann sehr gut verstehen, wenn da die eiserne Ernährungsdisziplin öfter auf der Strecke bleibt.

Alle, die sich bisher so vorbildlich disziplinierten und ihre Kalorien tapfer zählten, die sich mehr verkniffen, als sie genießen konnten, die sich tapfer in Askese übten, werden in diesen Zeiten auch einmal die andere Seite der Dualität drastisch spüren!

Jeder darf sich frei nach seinem Inneren, nach seiner Körperempfindung richten – ungeachtet des äußeren Diktates der Gesellschaft, des Ehepartners, der Lobby oder auch der spirituellen Gesinnung. Die mühsam aufrechterhaltenen Konzepte, Regeln und Ansichten werden dem Druck der steigenden Energien gnadenlos weichen müssen.

Alle, die ihr Leben lang bestimmte Ernährungskonzepte verfolgten und damit sogar zeitweise gut zurechtkamen, werden sich nun vor allem INNEN verändern müssen. Tun sie dies nicht, wird sie ihr Körper trotz bester ausgewählter Kost gnadenlos in die Schranken weisen.

In all den Jahren des eigenen Verzichts, der Erkenntnisse, der tiefschürfenden Erfahrungen haben wir genügend ungewöhnliche Prozesse durchlaufen. Sie helfen uns jetzt, flexibel zu sein und Gelassenheit im Chaos der sich überschlagenden Ereignisse zu bewahren. Daher werden wir unser Leben immer besser „im Griff" haben als bisher und noch geübter darin sein, zu manifestieren.

Unsere Nahrung ist (mehr oder weniger) Energie und sollte gerade in der Übergangszeit dem Bedarf angemessen sein.

Sind wir sportlich aktiv oder praktizieren bis in die späten Abendstunden Yogaübungen, leisten Energiearbeit, können wir auch gerne einmal etwas Leckeres nach unseren Gelüsten genießen, warum nicht?

Wenn möglich, gönnen wir dem Körper mindestens zwölf Stunden Verdauungsruhe!

Einige leichte Regeln können wir in den Alltag einfügen:
Essstress (nach dem Motto:... das esse ich nicht, weil... und das ist nicht gut für... und ich habe gehört, dass...) wirkt sich gegenteilig auf den Körper und viele Vorgänge aus, weil er und unser Unterbewusstsein gegen diese KOPFLASTIGKEIT immer ankämpfen werden. Hinzu kommt, dass wir jetzt hautnah erleben, wie das schlechte Gewissen dick macht.

Geist bestimmt Materie!

Daher mag gelten:
* *Bleibt bei euch und esst, worauf ihr Lust habt.*
* *Erzeugt keine Abhängigkeiten.*
* *Genießt mit Freude und Ruhe.*

- *Legt hin und wieder einen Entschlackungstag ein, mit ausschließlicher Basenkost, das hilft schon enorm.*
- *Kocht mit Liebe.*

Kurzanleitung für alle, die „Schutzschichten" haben und halten.

- *Mahlzeiten dreimal täglich (fünf Stunden Pause dazwischen, aktiviert den Stoffwechsel, verjüngt).*
- *Mindestens drei Liter Wasser und mehr täglich.*
- *Lasst Zucker, alles Süße (auch kein Zuckerersatz, außer Stevia!) einmal wochenlang weg.*
- *NUR so baut der Körper Umfang ab.*
- *Keine Produkte aus Weißmehl, nur Roggenknäckebrot.*
- *Zur Mahlzeit Eiweiß in Größe des Handtellers.*
- *Mindestens einmal täglich Rohkost.*
- *Maximal eine Frucht pro Mahlzeit.*
- *Dazwischen nur trinken (kein Kaugummi oder Ähnliches).*
- *Moderate Bewegung mindestens (!) eine halbe Stunde täglich.*
- *Letzte Mahlzeit spätestens 18 Uhr.*

Damit purzeln die Pfunde – nach einigen Wochen Durchhalten auch ohne Jojo-Effekt!
(Weitere Hinweise: www.metabolic-balance.com)

Bei Ernährungsumstellungen ist es oft üblich: Die Menschen essen zunächst kein Fleisch mehr. Sie ersetzen es aber nicht durch genügend eiweißhaltige Nahrung. So sind sie niemals satt, haben andauernd Hunger, werden mürrisch und schwach (weil sich die Muskeln abbauen), oder ihnen fehlt die richtige Lebenspower. Sie essen Süßes und „gehen" schließlich auf.

Nach einer Weile essen sie manchmal wieder Fleisch. Lasst es los, es bringt nichts, zumindest nicht auf Dauer. Tut nur das, was euch wirklich leicht fällt und Freude macht in dieser Zeit.

Solche drastischen Umstellungen oder der Übergang in die Lichtnahrung setzen tiefe Transformationen voraus. Diese sollten bis in die Generationslinie wirken und vollziehen sich nicht nur an einem Wochenende. Erst, wenn dies alles erlöst ist, werden wir geistig, seelisch und körperlich frei sein, zu entscheiden: Esse ich, oder nicht? Vorher keinesfalls!

Die wenigsten Menschen haben eine perfekte Körperkommunikation und spüren intuitiv, was sie wirklich brauchen. Viele meinen (Verstand) zwar, „so weit" (wo?) zu sein, doch sie sind gezeichnet von Mangelerscheinungen: Falten, Erschlaffung, Muskelabbau, Blässe, Augenringe, dünne Haare, fehlende Erdung usw.

Ich habe mich im Rahmen der Ausbildung in Naturheilkunde wie auch spirituell ausführlich mit Ernährung befasst. Dennoch bin ich genauso „aufgegangen"! Es gibt Einflüsse, Verstrickungen, Anhaftungen, Schablonen, Muster, Überlagerungen, tiefe Glaubenssätze, Denkarten usw., die wir nicht so einfach und schnell transformieren können. Daher spielt unser Bewusstsein wirklich die Hauptrolle.

Ich sehe einige jetzt zustimmend nicken? Ich umarme euch, die ihr ein gleiches Los tragt... (Auf zur 60er Taille!) Hinzu kommt, dass wir Spirituelle für die Menschheit viele dichte Energien mit transformieren! Das ist so, weil wir stärker in Verbindung sind und ihnen dadurch helfen, ebenso ihre Prozesse zu führen. Natürlich geht es hier wieder um Resonanzen.

Durch die Wandlungsprozesse gibt es Phasen, in denen wir so wenig vom süßen Leben bekommen, dass wir das ein wenig ausgleichen wollen. Ich zähle Heißhunger auf Süßes nach Energiearbeit ebenso zu den Lichtkörpersymptomen.

Hört auf die innere Stimme, wenn ihr nicht schon gänzlich taub vor süßer Lust seid. Es wird sich bald ändern, weil sich ALL-ES ändert! Ganz sicher!

Wichtig: Trinken und tief atmen!

Dadurch verteilen sich die Energien leichter im Körper, und wir haben längst nicht solche Schwierigkeiten mit der Integration der höheren Frequenzen. Wir entschlacken und alles, was nicht mehr gebraucht wird, fließt heraus, wenn wir es zulassen.

Wasserkur
Die Mindestmenge an Wasser, die wir täglich trinken sollten, sind 20 ml pro Kilogramm Körpergewicht. Das ist die Faustregel. Weniger wirkt sich nachträglich auf unsere Gesundheit aus, weil unser Körper vertrocknet. Die Körperflüssigkeiten bleiben nicht ausreichend fließfähig, reinigen und erneuern sich nicht entsprechend. Es entsteht eine Entmischung der Körpersäfte.

Mittlerweile verordnen viele Heilpraktiker Wasserkuren mit destilliertem Wasser (Osmosegerät) und empfehlen Trinkmengen von mindestens 3,5 bis sogar 6 Litern täglich. Wer es gut schafft, der kann es für sich ausprobieren.

Eine Kur dauert etwa 3 bis 12 Wochen – je nachdem, wie akut gesundheitliche oder körperliche Probleme sind. Wer eine solche Trinkphase durchführt, sollte wissen, dass mit allen Schlacken und Giftstoffen auch Mineralien aus dem Körper ausgeleitet werden. Es ist also vernünftig, entsprechend vorzusorgen. Mineralienpräparate auf natürlicher Basis (nicht Apotheke) aus Edelsteinen, Gesteinsmehlen, Muschelkalk oder aus Kräutern und Blüten und ähnliche wären hier zu empfehlen. Auch Algen in höherer Dosierung halten die mineralische Versorgung des Körpers aufrecht.

(Empfehlungen siehe Anhang)

Alchemie der Körpersäfte

Unser Körper enthält mit seinem Blut, der Lymphe und dem Wasser Körpersäfte, die wir pur, modifiziert oder auch potenziert zur Selbstheilung nutzen können.

An erster Stelle wäre die Eigenharntherapie zu nennen. Sie aktiviert unter anderem das Immunsystem. Urin als Heilmittel war in beinahe allen Kulturen und Traditionen bekannt. Die Eigenharntherapie ist weit mehr als 2000 Jahre alt. Der Harn enthält eine Vielzahl wichtiger Substanzen wie Hormone, Enzyme, Vitamine, Mineralien, Harnsäure und weitere. Mit kleinen Verabreichungen werden Reize gesetzt, die die Entgiftungs- und Abwehrmechanismen im Organismus aktivieren.

Die Eigenharntherapie wird in der Naturheilkunde unter anderem eingesetzt bei

- *Allergien,*
- *Asthma,*
- *Arthrose,*
- *Hauterkrankungen, Haarausfall,*
- *Wunden,*
- *Narbenbehandlung,*
- *Stoffwechselleiden, Rheuma oder Gicht,*
- *chronischen Entzündungen,*
- *Migräne,*
- *Depressionen,*
- *Diabetes mellitus,*
- *Warzen*
  und vielem mehr.

Sie kann innerlich wie auch äußerlich angewandt werden (Auflagen, Abreibungen, Wickel, Packungen, Bäder, Einläufe, Spülungen, Trinkkuren...).

Wir haben damit eine erste Hilfe zur Hand, die wir immer bei uns führen und die uns sehr gute Dienste erweist, vor allem dann, wenn wir kein passendes Präparat zur Hand haben (Urlaub, Reise). Der eigene Harn wirkt desinfizierend und heilsam, sogar verjüngend. Der Körper kennt seine eigene Formel gut und reagiert auf den Anstoß mit Heilreaktionen.

Einfaches Mittel mit Eigenharn, Blut oder Speichel
Für alle (Selbst-Er-) Forscher unter euch:

Ich liebe es, alles zu erforschen, was mich selbst und mein Umfeld ausmacht... mit Energien zu spielen. („...wenn ihr werdet wie die Kinder...") So habe ich natürlich all diese Dinge ausprobiert und kann jeden, der dazu bereit ist, ermutigen, sich ebenso einmal damit zu befassen. Als einfache Verschüttelung können wir uns das Mittel selbst herstellen. Dazu sollte sich jeder Interessierte eingehend mit den Potenzierungen in der Homöopathie beschäftigen, denn dieses hier genau zu erklären, würde den Rahmen sprengen.

Es wird mittlerweile auf vielen Internetseiten beschrieben. Dieses Wissen vorausgesetzt, dazu nur so viel: Wir nehmen eine Tafel, auf der Potenzierungen (DC, LM...) abgebildet sind (Tafeln gibt es bald im Internet) und testen kinesiologisch, radiästhetisch oder intuitiv, welche Potenzierung jetzt von Nutzen sein könnte.

Es wird so lange verschüttelt, zuerst mit Alkohol (1 Tropfen Substanz auf 9 Tropfen Alkohol), dann davon einen Tropfen mit Wasser verdünnen, bis die gewünschte Mischung erreicht ist (Zwischentest). Zum Schluss klopfen wir dann die fertig potenzierte Substanz 100mal kräftig auf einen Buchrücken und haben damit ein mögliches Mittel für die unkomplizierte Selbstbehandlung hergestellt. Jetzt noch der Test für die Einnahmemenge (Tropfen) und Dauer. Bei heftigen Reaktionen des Körpers drei Tropfen in einem Glas Wasser verdünnen, umrühren und so lange einnehmen, bis diese sich wieder verflüchtigen. Dann – wie getestet – normal weiternehmen. Übrigens, vom Harn ist nichts mehr zu spüren. Er ist nur noch als Information vorhanden.

Ich finde es sehr wertvoll, wenn wir uns wieder zutrauen, Verantwortung für uns selbst zu übernehmen und mit oder durch unseren Körper zu forschen. Denn er gehört nur uns, nicht wahr? Die körpereigenen Säfte können uns nicht umbringen, höchstens eine kleine, erwünschte, weil wirksame Erstverschlimmerung provozieren. Nur so bauen wir wieder Vertrauen zu unserem genialen Biocomputer auf und lernen ihn besser kennen. Wurde uns doch von vielen Institutionen bis auf den heutigen Tag jegliche Zuwendung zur eigenen Heilbehandlung immer wieder abgesprochen.

Hat dabei jemand Angst und Zweifel, dann sollte er es bleiben lassen! Angst ist der denkbar schlechteste Berater, und ihr wisst bereits, was passiert, wenn Menschen an etwas fest glauben! Selbstverständlich könnt ihr auch einen Heilpraktiker aufsuchen und euch eine entsprechende Mischung herstellen lassen. (Diese Methode beherrschen viele, weil sie zum Basiswissen der Naturheilkunde gehört.)

Wir werden immer wieder erfahren, dass die Physis besonders auf vertraute Dinge anspricht.

Versetzen wir uns in die Lage des menschlichen Leibes, dürfte klar werden, dass dieser bekannte Informationen sehr viel leichter verarbeiten kann, im Gegensatz zu kompliziert „verformelten" chemischen Keulen. Genauso kennt unser System jedes Pflänzchen und jedes Mineral dieser Erde – denn in Wahrheit sind wir tatsächlich eins, und diese Informationen stehen jederzeit über das Morphogenetische Feld zur Verfügung.

Doch die chemische Formel der Wirkstoffe, die ein Pharmakologe in seinem verstandesgeprägten Tüftelhirn ersonnen hat, ist für den Körper schwierig zu durchschauen. Woher soll er wissen, was er damit tun soll, und zu welchem Zweck.

Ein solches Medikament (und ein solcher Verstand) kann niemals die Genialität des (göttlich erschaffenen) menschlichen Körpers ergründen. Also greift man von wissenschaftlicher Seite für die Beweisführung gerne auf spezifische Forschungen zurück. Diese belegen dann hauptsächlich, was ein einzelner Stoff chemisch verändern kann. Solch ein Wirkstoff beeinflusst nun biochemisch und manipulativ gezielt Körperreaktionen, und das teilweise über Jahrzehnte hinweg! Er blockt (Blocker), katalysiert oder aktiviert (und vieles andere) in den meisten Fällen lediglich die (natürliche) Antwort des Körpers.

Doch dieser wählt schließlich neu – nun einen Komplex von Symptomen – um uns auszudrücken, dass er mit dem, was wir ihm gerade zumuten wollen, nicht klarkommt. Das betrifft nicht nur die physische, sondern gleichermaßen auch die emotionale oder mentale Ebene.

Ich rede hier nicht von Un- oder Notfällen, die meistens einen schnellen Eingriff unbedingt erforderlich machen, sondern von chronifizierten Leiden, die viele Menschen als Päckchen lebenslang geduldig mit sich herumschleppen.

Doch die meisten hören nicht auf ihren Körper, nicht auf ihr Herz und auch nicht auf den großen Geist. Sie erwarten weiter im Außen, dass sich ihrer jemand (Arzt, Therapeut oder auch Heiler) annehmen möge. Ihnen glauben sie oft. Mit etwas Glück werden Patienten gut beraten und darauf aufmerksam gemacht, dass Heilung von innen – genau genommen, aus ihrem eigenen Herzen – kommt.

Natürlich ist das für manche ein langer, beschwerlicher Weg und der Griff in die Tablettendose oder zum „Spritzchen" sehr viel leichter!

In all den Jahren meiner Erfahrungen mit solchen Themen wuchs mein empathisches Wissen immer mehr. Seit langem teste ich mit der Messung der Körperzustimmung auf viele Medikamente, Substanzen, Essenzen radiästhetisch und kann nun diese Schlussfolgerungen aus den Ergebnissen ziehen. Mitunter gab es wenige pharmazeutische Präparate, die die Lebensenergie des Klienten wenigstens nicht zum Erliegen brachten (von Aufbau kann hier gar keine Rede sein). Der größte Teil wirkte allerdings energetisch schwächend.

Daher sollten wir alle und zu jeder Zeit die Erweiterung unseres geistigen Wissens schätzen und mit den zurückgewonnenen Möglichkeiten – Energien zu verändern – bereitwillig forschen.

Kapitel III
Spirituelle Medizin

Frequenznahrung

Grasgrüne knackige Salatköpfe, schnurgerade Gurken – und das mitten im Winter? Beim Einkauf von Obst und Gemüse (vorwiegend im Supermarkt) bemerken wir häufig, dass unsere Nahrung, so perfekt sie aussieht, geruchlos ist. Massenhaft in den Gewächshäusern gezüchtet, entbehrt sie ihrer wahren Kraft. Auch schmeckt sie häufig nicht danach, wonach sie aussieht. Mit vielen chemischen Hilfsmitteln haben es die Nahrungsmittelproduzenten geschafft, uns glaubhaft zu machen, dass nur das Äußere zählt. So liegen da nun massenhaft die prallsten Paprikas oder die grünsten Kohlrabis neben frischen Erdbeeren und knalligroten Tomaten... ein Paradox, oder? Und wir spielen das verrückte Spiel mit – nicht nur in Bezug auf unsere Ernährung. Es ist auch hier ein Spiegel. Der „schöne" Schein soll uns verführen und den wahren Gehalt verdecken.

Auch unsere Nahrung besteht aus nichts anderem als aus Frequenzen, Wellen, Energie. Entsprechend des Anbaus, der Böden, der Sonneneinwirkung (!) und auch der Lagerung sind diese Nahrungsmittel entweder von einer großen vielfältigen Frequenzpalette oder von einer unzureichenden Energiequalität.

Wir spüren es bei aller Farbigkeit und knackigen Hülle sehr schnell an unserer Kraft. Sind wir darüber hinaus öfter auf „Fertigkost", ist das Desaster noch größer und die Energiezufuhr durch Nahrung vergleichbar niedrig.

Müssen wir uns da wundern, dass es bereits unter den Kindern und Jugendlichen so viele Krankheiten und Schwächen gibt? Wo soll denn Vitalität herkommen, wenn sie vielleicht auf Mikrowellenkost (zerstört alle ordnenden Frequenzen) angewiesen sind oder stundenlang warm gehaltenes Kantinenessen vorgesetzt bekommen? Auch kennen sie keine anderen Methoden, wie sie ihr Essen aufwerten können, um einigermaßen ausbalanciert zu bleiben. So haben sie chronischen Energiemangel, sind ständig müde und unkonzentriert, erkranken häufig oder werden aggressiv und wütend. Der Zeitenwandel erfordert darüber hinaus seinen Tribut.

In der Familie wird das Dilemma nicht erkannt, und so bringen Mütter ihre Kinder in die Praxis, um vielleicht mit Hilfe einiger Pillen die wahren Ursachen (wieder einmal) zu verdrängen. An Ort und Stelle bekommt das „Kind" dann auch noch einen tollen Namen und heißt vielleicht „allergische Disposition" oder „Mangeldingsbumssyndrom". Es geht nun ein Aufatmen durch die Familie, denn jeder weiß: Er oder sie ist wirklich krank. Und da sind diese Erscheinungen ja „normal".

Früher war es so, dass fast jeder das Essen seiner Mutter mochte. Was war das besondere Geheimnis? Die Mutter gab neben ihrer ganz eigenen Kostzusammenstellung bewusst oder unbewusst ihre Liebe in das Essen mit hinein. Ich beäugte das Essen anderer Familien in Kindertagen (machen alle Kinder, oder?) und probierte es gerne, weil meine Schulfreunde davon schwärmten. Meistens war ich enttäuscht, weil die Liebe in diesem Essen ja nicht mir galt.

In meiner Kindheit sehnte ich mich oft nach der Liebe meiner Mutter. Sie konnte sie mir jedoch oft nicht geben, da sie selbst gestresst war, überfordert, und ständig viel zu viele Dinge

– als vorbildliche Ehefrau, Chefin und Mutter – unter einen Hut zu bekommen hatte... Oh Gott, dieses Lebenskonzept war zum Scheitern verurteilt. Oft und gerne war ich dann bei Oma und Opa und bekam dort alles, was ich mir sehnlichst wünschte: Liebe, Lachen, Natur, Verständnis, Zuhören und Essen – ja, natürlich mit Liebe zubereitet. Ich aß nur leider davon zu viel, sodass ich bald dick und rund wurde und es bis heute – bis auf einige schlanke Phasen – geblieben bin (vorerst, hm).

Was zeigt diese kleine Geschichte?

Mütter sind durch ihr Morphogenetisches Feld immer mit allen Energien der Familie verbunden. Sie wissen intuitiv, welche Nahrungsmittel ihre Lieben brauchen. Sie haben alle Kräfte, um ihre Kinder zu heilen, ihre Männer geistig wie körperlich zu nähren und ihre Familien bestens mit der hochwertigsten Nahrung zu versorgen, längst in sich!

Wie? Durch ihr liebendes Herz. Würden sie sich selbst in den Mittelpunkt ihres Lebens stellen, könnten sie aus dieser Position heraus ihrer Familie zu grandiosem Wachstum und Gesundheit verhelfen. Das wäre eine der wichtigsten Aufgaben der neuen „ganzheitlichen" Mütter.

Ein interessanter Vorschlag zur Gesundung des Volkes (und damit für immense Einsparungen im Gesundheitssystem, wie auch zur Senkung der Krankenstände in den Unternehmen) wäre: Gebt den Müttern den Haushaltstag zurück und funktioniert ihn um in einen „Tag der Mütter". Dieser wird von Unternehmen nur dann gewährt, wenn die Frauen heilsamen und regenerierenden Aktivitäten nachgehen. Auch spezielle Mütterkurse wären ein spannendes Forschungsprojekt!

Darin kann es um gesunde Ernährung gehen, spezifische Kochkurse, Gesundheitsvorsorge, gezielte Entspannung und emotionale Entstressung usw. Ja, Herr Gesundheitsminister, das sind doch sehr praktikable Vorschläge, oder nicht?

Die Einsparungen liefen den Kosten endlich den Rang ab, und die Familien wären rundherum bestens versorgt. Nun, Frau/Herr Bundeskanzler/in? (Ich habe extra keinen Namen eingesetzt, weil der Wechsel ja vorprogrammiert ist.) Sie beeinflussen dadurch eine ganz wesentliche Schnittstelle positiv – die FAMILIE, als wichtigstes Glied einer intakten Gesellschaft! Und es werden Potenziale freigesetzt, um das Gemeinwesen grundlegend zu wandeln. Dazu muss es jedoch den Müttern selbst gut gehen. Sie müssen bewusst SEIN. Sie sollten ihre eigenen Energien klären und aktivieren können, um sie gerne und stets an ihre Lieben weiterzuleiten.

Wie sind die meisten Mütter heute „drauf"? Sie sind Opfer der Gesellschaft, werden wenig geschätzt, überfordern sich mit Job, Haushalt und Familie und sind ab einem gewissen Alter körperlich ausgelaugt, seelisch belastet und geistig leer. Sind die Kinder aus dem Haus, machen sich die Männer oft schnell davon und suchen sich eine junge, kräftige „Stute", die sie dann wieder aussaugen können. Auch sie sind nicht wirklich genährt, und viele schaffen es bis heute nicht, sich auf andere Art als durch Sex mit jüngerem Fleisch (oder durch Völlerei und Alkohol) zu laben.

Was können wir (Frauen) tun? Viel. Wir können in erster Linie das Verständnis entwickeln, dass alles Frequenz ist, was wir fühlen, aufnehmen und sind! Wir können es VERÄNDERN!

124

Und hier ganz praktisch als Nahrungsaufwertung.

Wir können alles aufwerten, was uns als Nahrung dient,

- *indem wir das Herz öffnen und die Liebe in die Töpfe fließen lassen;*
- *indem wir mit der flachen Hand bewusst über dem Teller rechtsdrehende Kreise ziehen und damit der Nahrung einen Rechtsspin geben, der sie in eine höhere Energie und Ordnung bringt;*
- *indem wir energetisiertes Wasser über das Essen sprühen und dies grundsätzlich auch trinken;*
- *indem wir beim Einkauf darauf achten, dass Produkte biologisch angebaut wurden und mehr lebendige Nahrung im Korb liegt als tote Tiere und deren Abwandlungen – geht es nicht ohne Fleisch, dann aus artgerechter, ökologischer Haltung;*
- *die Mikrowelle sofort entsorgen und ersetzen durch einen Dampfgarer oder Speisen auf dem Herd erhitzen.*
- *indem wir Nahrung nicht zerkochen, mehr einfache Gerichte wählen;*
- *indem wir viel frisches Gemüse und Obst in den Speiseplan einbauen;*
- *indem wir sehr viel mit frischen Gartenkräutern arbeiten. Sonnenfood – natürliche, sonnengereifte Produkte enthalten das gesamte Spektrum an wertvollen Substanzen für unsere Gesundheit. Auch Spiralen oder Magnetunterlagen bringen eine energetische Aufwertung;*
- *indem wir die violette Flamme visualisieren und die Nahrung hineinstellen, damit alle negativen Substanzen sofort transformiert sind... und, und, und.*

Nahrungsmitteltest

Ich habe euch eine schöne Vitalwertskala kreiert, mit der sich der eigene Energiewert bestimmen lässt, der der Familie und anderer Dinge. Es ist nun ganz leicht festzustellen, welche Nahrungsmittel die Energien derzeit „herunterziehen". Diese sollten dann zumindest eine Weile weggelassen werden. Dasselbe kann auch mit anderen Menschen ausgetestet werden. Es wird also zunächst die eigene Energie gemessen. Dann fertigt man kleine Zettel an, worauf einzeln die verschiedenen Nahrungsmittel aufgelistet sind: zum Beispiel Milch, Milchprodukte, Käse, Schweinefleisch und -produkte, Rind und -produkte, Geflügel, Zucker, Weißmehlprodukte, Obst, Gemüse, ferner auch Konservierungsstoffe, Phosphate (sind in den Dauerbackwaren und im Backpulver enthalten) Aspartam und andere Zuckerersatzstoffe (vergesst auch Zigaretten, Schokolade und Alkohol nicht).

Genauso könnt ihr Essenzen, Mittel, Salben aber auch Zahnmaterialien oder Ähnliches austesten.

Dann faltet man diese Zettel zusammen, sodass der Begriff nicht sichtbar ist und legt sie nacheinander auf die Thymusdrüse. Testet dabei immer wieder die eigene Energie. Sie wird bei einer Unverträglichkeit fallen und bei Verträglichkeit gleich bleiben. Ferner gibt es Erhöhungen (bei Mineralien, Vitaminen, Substanzen usw.), die euch guttun.

Es ist ein supereinfacher Test, um Unverträglichkeiten festzustellen. Das kann man auch mit Kinesiologie tun, doch der Tester sollte dabei selbst vollkommen gesund sein, und das gibt es bekanntlich selten.

Habt ihr die Dinge gefunden, die euer Gleichgewicht stören, gibt es zwei Möglichkeiten: Entweder ihr verzichtet darauf oder seid energetisch so gut drauf, dass ihr sie wandeln könnt. Dazu segnet ihr mit euerm Herzlicht das Produkt und wandelt es so.

Legt es nun auf oder stellt es in euer Feld. Der Test sollte dann so ausfallen, dass die Energie nicht mehr sinkt.

Die Natur ätherisch essen

Wir selbst können uns natürlich auch auf viele andere Arten ernähren. Lichtnahrung ist hier vielleicht das bekannteste Beispiel (eine Ernährungsweise, in der lediglich Licht als Energie aufgenommen wird und der Stoffwechsel auf Lichtstoffwechsel umgestellt wurde).

Nicht jeder ist dazu in der Lage und bereit (noch nicht), einen solchen Verzicht auf Lebenszeit durchzustehen. Wie erwähnt, bin in auch eher der Auffassung, dass wir in den höheren Dimensionsebenen imstande sind, unsere Nahrung aus Lichtformen und Frequenzen zu materialisieren und demnach eigentlich niemals einen wirklichen Verzicht leisten müssen.

Anders ist es bei den Menschen, die nicht mehr verzichten müssen, denen es also vollkommen gleich ist, ob sie einmal etwas essen und es genießen, oder ob sie wochenlang nichts zu sich nehmen. Nur sie erleben eine völlige Unabhängigkeit von physischer Nahrung.

Wir sind jedenfalls in der Lage, uns mit weitaus höher strukturierter Schwingungskost zu versorgen, als wir es bisher kannten und gewohnt waren, wenn wir das Bewusstsein richtig nutzen. Wir können alle Frequenzen der Natur „essen". Das geschieht aus einem höheren Gewahrsein heraus. Also lauft nicht zu eurem Gefährten und teilt ihm mit:

„Mein Lieber, du brauchst kein Bier mehr, ab heute sitzen wir statt im Biergarten auf dem Balkon und denken nur noch an die Blüten des Magnolienbaumes in unserem Garten..."

Wie gesagt, es funktioniert aus einem höheren Herzgewahrsein heraus und in Liebe zur Natur und Pflanzenwelt.

In der Natur können wir alles einatmen, was wir sehen (Farben und Formen), alles, was wir fühlen (Strukturen = Form), was wir hören (Naturklänge = Töne) und obendrein alles, was wir riechen (Naturdüfte).

All das entspricht der Vervollkommnung mit Hilfe von Farben, Formen und Tönen. Es bedeutet, ich gehe auf eine Wanderung und komme an einer schönen, saftiggrünen Wiese vorbei. Ich atme zunächst die Farben in mein Herzchakra. Dann sehe ich vielleicht junge Brennnesseln und atme das geistige Prinzip – die Essenz der Brennnesseln – in mein Blut. Einfach so, im Bewusstsein. Dadurch kann sich meine Blutflüssigkeit kristallisieren und sich durch meine geistige Absicht reinigen. Genauso verfahren wir mit allen Wildkräutern. Wenn ihr hinausgeht, probiert es aus, es ist spektakulär!

Ich habe das Gefühl, dass ich nicht mehr so viel Appetit habe, finde ich regelmäßig Zeit, die Natur richtig einzuatmen und sie „ätherisch zu essen". Das sind Verschmelzungsprozesse, die jedem Menschen unendlich guttun. Es bedeutet, dass ihr beim Einatmen ganz tief im Bewusstsein seid und alle Düfte, Farben und Formen zu euch nehmt, mit ihnen VERSCHMELZT.

Was für ein geniales Heilmittel!

(Die geistige Familie nennt mir gerade den wesentlichen Begriff: „TRANSZENDIEREN", über den ich im nächsten Band weitere Inhalte verfassen sollte.)

Atmet einmal einen ganzen Wald in das Herzchakra ein und die Blüten der rosa blühenden japanischen Kirsche... oder ein

Rapsfeld in dem Solarplexus, die dunkelrote Rose in die Wurzel oder den Lavendel in das Kronenchakra usw.

Dabei gibt es unendlich viele Möglichkeiten, welche Frequenzen wir aus der Natur in uns hineinatmen und wohin wir sie aufnehmen möchten. Wir können also die Farben der Blumen, Blüten und Pflanzen nutzen, um so unsere Chakren aufzuladen.

Oder wir nutzen die Düfte der Blumen und Blüten, um die Seele und unsere Sinne zu bereichern. Wir können die Qualitäten von Kräutern in bestimmte Regionen unseres Körpers atmen.

Da wären der Löwenzahn als leberstärkendes Mittel oder die Goldrute für die Nieren. Wir atmen und stellen uns vor, dass die Kräfte der Brennnessel (Informationen, Qualitäten) nun unser Blut reinigen und demzufolge im ganzen Körper wirksam werden. Wir nehmen Kontakt auf zum Löwenzahn und entscheiden uns für diejenige Qualität in ihm, die unsere Leber stärken kann und lassen sie in das Organ fließen.

Genauso können wir die Stärke einer schönen großen Buche, Eiche oder eines anderen Baums in uns integrieren.

Wir entscheiden also mit unserem bewussten Sein, welche der vielschichtigen Qualitäten der Natur wir im jeweiligen Moment in unser Energiesystem aufnehmen.

Bereits hier ergibt sich ein quirlig buntes Spielfeld auf verschiedenen Ebenen, das wir nach Belieben frei erforschen und erfahren können.

Erwartet nun nicht, dass sich die Dinge sofort zeigen. Geduld ist hier der bessere Berater. Es ist jedoch sehr gut möglich, dass ihr euch nach einer intensiven Transzendierung mit der Natur so richtig erholt fühlt. Es braucht immerhin viele kleine und größere Frequenzschritte, ehe unser gesamtes System kristallisiert ist. Das dauert Monate, Jahre? Es geht aber immer rascher.

Elixiere, Essenzen und Äthersubstanzen

Mittlerweile ist es möglich, allein mit energetisierten Elixieren, die wir in die Aura sprühen, eine sofortige Ordnung und Transformation zu bewirken. Warum wollen wir das nicht nutzen? Selbst spirituell wenig Erfahrene spüren dies, allein durch das Sprühen im Raum, weil es „irgendwie angenehm" wirkt. Mich kontaktierte einmal ein älterer Herr, der im Warteraum saß, als ich die Regenbogensprays benutzte, nochmals nach 6 Wochen. Er hatte es nicht vergessen, obwohl er mich nicht kannte und nicht wusste, was es damit auf sich hat... und wollte unbedingt einige davon erwerben.

Es gibt leider in der handelsüblichen Duftlandschaft genügend Ver(irre)führungen, die unsere Nasen auf gänzlich andere Wege lenken. So sollen uns mit künstlichen Pheromonen angereicherten Substanzen zum Kauf bewegen. Dann fliegen uns die widerlich-künstlichen Duftwolken – sowohl bei Männlein als auch Weiblein – um die Nase, und wir müssen schnell das Weite suchen, um diesen Duftdämonen aus dem Wege zu gehen, oder?

Vielfach verbergen die Duft-Fetischisten eigene Themen unter solchen Wolken und wollen damit übertünchen, was schon längst zur Klärung ansteht. Mit überschwänglichen Beduftungen hüllen sie sich in Fremdgerüche ein, um sich nicht selbst riechen zu müssen. Auch ein übertriebenes Make-up bedeutet nichts als: Sie verbergen ihr wahres Gesicht.

In meinem Leben habe ich immer wieder wahrgenommen, dass hohe geistige Meister (wenn wir sie mal so bezeichnen) auch sehr angenehm – meist unauffällig – nach sich selbst duften. Über unsere Nase finden wir schnell den Weg.

Unter den vielen angebotenen Aura-Sprays gibt es wirklich gute Essenzen. Es lohnt sich, da hineinzuschnuppern und zu empfinden, wie ihr euch nach Benutzung eines solchen fühlt. Es erklärt sich fast von selbst, dass energetische Flüssigkeiten, die vernebelt in unser Energiefeld gesprüht werden, sofortige Harmonisierung bewirken. Genauso können sie als künstliche Duftgemische das Gegenteil von Ordnung hervorrufen und der Aura empfindlich schaden. (Denken wir auch an Haarspray, Haarfarben, Dauerwellen, Gele und alles, was unser Kronenchakra verstopfen kann. Dadurch fehlt der Input von oben!)

Es gibt wundervolle natürliche Düfte, Essenzen oder auch Aroma-Öle (KbA), die heilsam sind. Die Riechnervenzellen wandeln den Duft in ein elektrisches Signal um und erzielen eine sofortige Reaktion im Gehirn, da sie mit dem limbischen System in Verbindung stehen. Dieses steuert nicht nur das Gefühlsleben, es beherbergt auch das „Gedächtnis" für Düfte.

Unsere Nase ist ebenso unbestechlich! Was wir riechen, vermag in unserem System weit mehr zu bewegen als das, was wir sehen oder hören. Hier liegt eine hohe Kraft, die zu nutzen uns obliegt, denn sie verbindet uns auf tiefen Ebenen mit allem Leben und mit dem Planeten Erde, da die Informationen sofort an unser inneres Wissen andocken und über diese Schwingungen unterbrochene Bahnen wieder vernetzen.

Für uns angenehme Düfte aktivieren meist unsere Stärken, und unangenehme Düfte lassen uns die Schwächen erkennen.

Nach regelmäßiger Anwendung – wie in der Aromatherapie– kann sich das System ausbalancieren, was sich im veränderten Duftempfinden zeigt.

Was tun wir aber, wenn wir Menschen nicht riechen können? Das passiert mitunter häufiger, als es uns lieb ist.

Hier nehmen wir eine transformative Brise aus dem Lavendelstrauß (wurde extra bestellt) **von Saint Germain.**

Hallo, ihr Lieben! Ich bin doch gerne mit von der Partie, wenn es um die interessanten Dinge geht. (Ob der Platz wohl reicht für mich?)

(A: Er meint das letzte Stück hier am Ende des Kapitels – ich musste dafür extra kürzen!)

Da sind die Düfte der Welt, der Liebe, der Angst (Angstschweiß), der Sucht (Alkohol – oder Schokolade?) (A: Witzbold), *der Harmonie, der Kinder, der Natur, der Tiere, der Häuser, des Wassers, des Feuers, der feuchten Erde..., und es gibt unzählige weitere. Vieles, ihr Lieben, lässt sich durch Duft ausdrücken. Probiert es aus, wenn ihr einen Spaziergang macht. Schließt die Augen und schnuppert, was euch alles umgibt.*

Düfte sind elegante Verführer, gefährliche Krieger, dunkle Dämonen, lichtvolle Engel oder wundersam inspirierend. Was in den Düften liegt, ist auf sehr tiefen Ebenen mit euch selbst verbunden, und ihr habt die Chance, auch über diesen Weg einiges in euch in Ausgewogenheit zu bringen. Vertraut darauf, dass die Lebensaromen in der Essenz wertvolle Botschaften für euch enthalten. Die „Duftpakete" bergen eine dichte Informationsmatrix, die euer Unterbewusstsein öffnet und dadurch sofort und ohne Umschweife die heiklen Themen an die Oberfläche bringt. Hiermit offenbaren sich zum Beispiel vergangene Dramen, unglückliche Liebschaften, verblasste Begegnungen, eiskalte Ermordungen oder bedingungslose Unterwerfungen aus allen Inkarnationen. Es ist eine Art, diese Erinnerungen innerhalb kürzester Frist ganz plastisch auferstehen zu lassen. Nicht in Bildern, nein, vor allem in Empfindungen. Warum wird euch plötzlich kalt, wenn ihr Angstschweiß riecht, oder warm uns Herz, wenn ihr den Duft eines Babys wahrnehmt? In einem einzigen Bouquet sind ganze Frequenzbänder von Bildern, Geschichten und Erlebnissen gespeichert.

Habt ihr euer Duftpaket einmal bestellt, solltet ihr es nun auch auspacken...(grinst).

Ihr dürft euch entscheiden, alle diese Gerüche, ja, sogar Gestank, so lange von Herzen zu atmen, bis sie sich tatsächlich in einen annehmbaren Duft verwandelt haben. Natürlich funktioniert das. Ihr werdet staunen.

Ich bin Saint Germain und grüße euch in Liebe.
(Klappt doch – mit gutem Willen!)

(A: Ja, tatsächlich!)

Tiefe Blicke der Liebe

Schau mir in die Augen..., und ich sehe dein Licht!

Augen sind Tore der Seele und der intensivste erste Kontakt, den wir mit einem anderen Wesen herstellen können. Hier liegen alle Informationen parat, die wir austauschen wollen.

Über einen Blickkontakt fühlen und erfahren wir, wie tief wir selbst im Gegenüber unsere eigene Göttlichkeit angenommen haben.

Ich schaue gerne den Menschen einmal direkt in die Augen, vorausgesetzt, sie können es ertragen. Ich habe so schon von vielen Meistern schöne Übertragungen bekommen und gebe sie auch gerne in meinen Seminaren oder Workshops weiter. Ich erinnere mich noch ganz deutlich an ein Weinfest, auf dem ich war: Ein Stück entfernt saß ein großer grauhaariger, sehr elegant gekleideter Inder. Als ich seinen Blick erwiderte, sah er mir minutenlang tief in die Augen. Ich war schier geplättet von dieser Intensität. Hätte ich damals nicht meinen Freund im Schlepptau gehabt, ich weiß nicht, was dann passiert wäre. Es war so umwerfend, was ich fühlte. Heute weiß ich, dass es meine erste Energieübertragung war, die ich jemals von einem bewussten Wesen erhielt. Es geschah zu einer Zeit, in der dieses Thema für mich noch nicht von Belang war. Zumindest war ich damals – vor 20 Jahren – noch jung und hübsch.

Innige Blicke, vor allem, wenn sie mit Herzmacht ausgesendet werden, können sehr energetisch und heilsam sein.

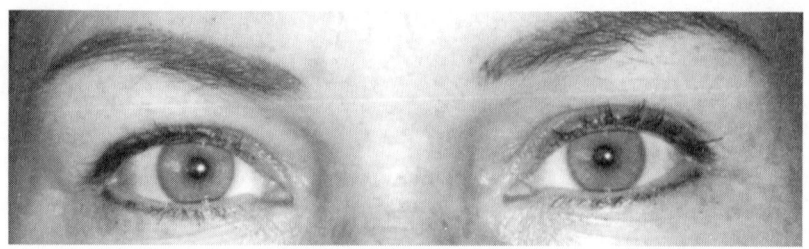

Ein jugoslawischer Heiler – Braco genannt – füllt so alljähr-
lich ganze Hallen, um über seinen Blick Heilungen auszusen-
den und die Menschen an der göttlichen Kraft, die durch ihn
strömt, teilhaben zu lassen. Das Interesse ist groß, wollen doch
alle – einmal von Presserummel und Buschfunk angezogen,
auch etwas „abhaben" vom göttlichen Elixier.

Dabei übersehen sie, dass es viele andere gute Medien,
Heiler und Menschen mit großem Herzen gibt, die ihnen tagtäglich für ihre Sorgen, Ängste und Nöte, gleich in ihrer Nachbar-
schaft sozusagen, zur Verfügung stehen können und bei etwas
tieferem Hinfühlen ebensolche wunderbaren Wellen aussenden.

Menschen glauben allerdings an Zeitungen und Nachrichten, fühlen sich immens angezogen von Massenaufläufen.
Irgendwie scheint ihnen das Beweis dafür zu sein, dass sie
„richtig liegen". Gerade dadurch verpassen sie ihre ganz eigenen Erfahrungen in sich selbst. So kommt es, dass jene, die
nicht empfinden können, welche Schwingungen präsent sind,
letztendlich enttäuscht wegtreten und sich fragen, was sie davon nun hatten.

Gerade in den Augen spüren wir jedoch manchmal auch
ganz andere Kräfte. Sie können uns magisch hereinziehen, ei-

nen Willen aufzwingen oder uns bannen. (Auf Esoterikmessen ist das mitunter der Fall, da trifft sich gerne die Gesellschaft der alten Schwarzmagier und Wahrsager.)

Es können auch Augen der Freude oder der bedingungslosen Liebe sein oder die Engelaugen vieler Kinder.

Natürlich gibt es den präsenten Ausdruck oder Blicke der zielgerichteten Übertragung geistiger Frequenzen. Ein scharfer Blick muss jedoch nicht immer „gefährlich" sein, er kann genauso kraftvolle Ströme konzentrieren und ganz gezielt positive Energien aussenden.

Du empfängst sie in Konzentration auf dein Herz und wenn du dich entscheidest, es zuzulassen.

Vielleicht spürst du jetzt etwas? Lass es fließen...

Gedankengifte und Gedankenheilung

Ein böser Blick hat hingegen seine Ursachen in ebensolchen dunklen, unschönen Gedanken – auch von der eigenen Person oder erlebtem Unbehagen. Sie fressen sich ins Hirn und wollen einfach nicht weichen. Schließlich prägen sie unser Leben und damit auch unser Antlitz. (Warum sonst verdient die Schönheitschirurgie Milliarden, nur um Falten aus der Welt zu schaffen?)

Schauen wir uns geistige Meister der Welt an, ist unschwer zu erkennen, dass sie ein glattes Antlitz haben, oder aber ihre Falten charismatisch interessant sind.

Doch Gedanken tun noch viel mehr. Sie sind Frequenzen, die unaufhörlich und ausnahmslos alle Zellen unseres Körpers informieren (und bombardieren). Schätzungen zufolge sind es etwa 80.000 Gedanken, die uns Menschen pro Tag durch den Kopf gehen.

Doch „tickt" jedes Individuum völlig anders! Einer ist ein langsamer Geselle und denkt kaum mehr als nötig, ein anderer kann Informationen rasch verarbeiten und denkt rasend schnell.

Gedanken sind energievolle Blitze. Sie können sehr viel schaden oder andererseits enormen Gewinn bringen.

So zeigt der kinesiologische Muskeltest beim Aussenden von Liebe immer eine starke Reaktion. Das Gegenteil ist der Fall, wenn wir schlecht von jemandem oder uns selbst denken.

Zufall?

Sind wir immer Herr unserer Gedanken? Wie oft passiert es, dass sie ziemlich unpassend und ungewollt hereinplatzen, uns quälen und zermürben? Schlimmstenfalls rauben sie uns nachts den Schlaf, und wir starren mit offenen Augen an die Zimmerdecke und fragen uns, wie wir diese Hirngespinste wieder loswerden können.

Es ist ganz leicht!

Hier ist eine kleine Transformationsanleitung, die eine wertvolle Hilfe sein kann.

Meditation für die Harmonisierung der Gedanken

* *Komme in dein Herz, denn hier ist der Raum deines höchsten Gewahrseins.*
* *Lass die Gedanken ziehen und fühle stattdessen, was du in diesem Moment um dich herum wahrnimmst.*
* *Halte dein Herz immer geöffnet, denn es hat die Tendenz, sich sofort wieder zu verschließen.*
* *Singe stimmlos „OM" mehrere Male in dein Herz.*
* *Harre der Dinge, die geschehen.*
* *Entscheide dich jetzt für die Gedankenreinigung (Absicht genügt).*
* *Dazu nimmst du im Herzen wahr, wie sich das Areal anfühlt, mit dem du glaubst, zu denken.*
* *Stell sicher, dass du beide Areale gleichzeitig wahrnimmst (Herz und Gedanken).*
* *Du empfängst vielleicht Bilder oder Empfindungen.*
* *Wenn du eine Anweisung bekommst, tue, was dir gerade*

einfällt. Es kann auch eine Sinnlosigkeit (nur in Gedanken) sein.

- *Nun kannst du ein silbernes Licht, das durch dein Kronen-chakra eintritt, visualisieren und empfangen.*
- *Lass diese Energie in deinem Kopfbereich zirkulieren, leite alle verbrauchten Gedankenenergien dann über deinen Ka-nal hinunter in die Erde, damit sie vom Feuer (visualisieren) gereinigt werden.*
- *Warte, was geschieht, und agiere weiter.*
- *Komme langsam zurück.*
- *Oder schlafe selig ein!*

Die meisten Menschen bemerken erst, dass sie laufend zu viel, zu verworren oder zu negativ denken, wenn sie sich inten-siv ihrem inneren Erleben widmen oder meditieren.

Schlechte Gedanken (gegen sich selbst gerichtet) sind leider auch die Ursache schlimmster Krankheiten wie Krebs, Organversagen, Allergien, Rheuma, Depressionen und vieler weiterer Befindlichkeitsstörungen.

Es gibt tatsächlich Denkarten, die der Gesundheit förderlich sind, und auch jene, die ihr schaden. Wenn negative Gedanken unser bisheriges Leben beherrscht haben, sollten wir im Sinne unseres Seins eine rasche Veränderung vornehmen.

Wir können uns klar dafür entscheiden, positiv und lichtvoll zu denken. Doch immer wieder kommen alltägliche Emotionen ins Spiel, wie Groll und Verbitterung, nicht verzeihen können, Schocksituationen, Ängste, Zweifel usw. Sie puschen die nega-tiven Gedanken, heizen sie an, peitschen sie förmlich heraus!

Nehmen wir als Beispiel eine unterdrückte Wut. Mit ihr entstehen energetische Staus, die sich empfindlich auf die Leber niederschlagen, einschließlich hinzukommender Emotionen wie Frust und Unzufriedenheit. (Diese Beziehungen zwischen Organen und Emotionen hat Klinghardt sehr aufschlussreich in seinen Büchern zur Psychokinesiologie dargelegt.)

Darüber hinaus gibt es weitere, wirksame Methoden, geistige Werkzeuge, die ich in den einzelnen Kapiteln beschreibe.

Befreien wir uns endlich von diesem Ballast, der uns manchmal Jahre (oder ein ganzes Leben lang) verfolgt.

Es ist an der Zeit, den alten Energien nicht mehr zu erlauben, dass sie weiter an uns haften, uns schwer erdrücken. Vergebung ist hier die Erlösung! Das bedeutet nicht, eine Handlung plötzlich gut zu heißen, sondern die Situation aus der Vergangenheit endlich loszulassen. (Es heißt, sie wertfrei zu nehmen, wie sie ist – eine längst vergangene Geschichte, alte Energie.)

Wir meinen zwar, Gefühle mit dem klugen Verstand beherrschen zu können, doch daran werden wir immer kläglich scheitern, weil Gedanken unterschwellig anklopfen, sich als Unbehagen, dann als Missempfindungen, später als Schmerz und schließlich als Krankheit im Körper manifestieren.

Gefühle können NUR durch Fühlen mit dem Herzen (nicht durch „Leiden", durch Erklärung) geheilt werden.

Es gibt sogar einen eigenen Wissenschaftszweig, die Psychoneuroimmunologie, die seit Jahren die Zusammenhänge zwischen Psyche und Immunsystem untersucht und immerhin Folgendes postuliert: „Was wir denken und fühlen, hat eine direkte Auswirkung auf die Organe und das Immunsystem. Stress, Probleme und Konflikte machen den Körper krank, Selbstliebe, seelische Ausgeglichenheit und Lebensfreude tragen zur Gesundheit bei."

Nun – warum verordnen die Gesundheitsbehörden nicht mal zur Abwechslung Meditation in der Schule (AUCH mit den Kindern)?

In den *Net-news* lesen wir Schlagzeilen wie:
„Millionen Kinder und Jugendliche leiden an Kopfschmerzattacken und Migräne." Durch die Energieerhöhungen und Downloads dehnen sich die inneren Drüsen des Kopfes aus und verursachen diese Symptome. Das wissen nur wenige, weil es nicht propagiert wird. Durch ungleichmäßige Durchblutung der Hirnhälften bei „rationaler" Überlastung (linke Hirnhälfte) kommt es jetzt immer häufiger zu Dysbalancen, und der Kopf reagiert mit Druck, Schmerz und Migräne.

Warum sagen sie nicht: Geht mit euren Kindern zu einem Heiler, der einen Hemisphärenausgleich machen kann oder die Energien ausbalanciert? Kostet vielleicht 30 bis 50 Euro, hält aber eine ganze Weile an und bringt euch mehr und mehr ins Bewusstsein und in eine gute Vitalenergie.

Selbstverständlich gibt es auch andere Ursachen wie blockierte Halswirbel, verspannte Muskulatur, Giftbelastungen (Amalgam und Blei) oder Ähnliches. Bei all diesen Symptomen helfen Tabletten auf Dauer nicht.

Wenn wir unsere Gedanken befreien und unsere Emotionen heilen wollen – denn beides ist nicht losgelöst voneinander zu betrachten –, müssen wir uns den unliebsamen Gefühlen stellen, und das erreichen wir ausschließlich über unser weit geöffnetes Herz.

Lasst einmal hereinkommen, was euch erdrückt, und hört dabei wirklich auf zu DENKEN! Das ist schwer, wie ihr bemerken werdet, denn die Aufmerksamkeit geht sehr schnell erneut in den Kopf. Daher ist es wichtig, dass wir immer wieder den Fokus auf das Herz zu richten.

Achtet einmal ganz intensiv auf diese inneren Bewegungen: Kopf – Herz – Kopf.

Ich habe mehrfach spirituell entwickelte Seelen erlebt, die immer! (uff) Liebe ausstrahlen wollten und letztendlich doch im Kopf waren, als es um Dinge ging, die sie nicht gut heißen konnten. Das ist nicht der Weg. Zwischen der Emotion Liebe und der bedingungslosen Liebe klaffen Welten (ich merke gerade, dass ich dazu ein gesondertes Kapitel verfassen sollte...). Es liegt einfach daran, dass wir alle seit langen Zeitperioden unseres Daseins darauf trainiert sind, zu denken.

Fast alle Schulen dieser Welt lehren das Denken, nicht das Fühlen. Schauen wir hierbei einmal auf die verschiedenen Religionen: In einem großen Teil der entsprechenden Schulen oder Klöster müssen Kinder im frühesten Alter Psalmen und Verse auswendig lernen. Ihr Geist wird gezielt auf das jeweilige Glaubenssystem ausgerichtet und so dauerhaft linkshemisphärisch programmiert. Sie haben dabei meist bedingungslosen Gehorsam zu leisten. Es gibt kaum Spiel- und Freizeiten, in denen sie nach Herzenslust ihr wahres Wesen entdecken und entfalten können. Nach Jahren dieser anstrengenden Paukerei sind sie so zu jungen Erwachsenen herangereift und fühlen sich auf der Höhe ihrer Kraft leer und ausgebrannt.

Oft entwickeln sie eine solche Abneigung gegen das „Pauken", dass sie zu einem späteren Zeitpunkt völlig unfähig sind, überhaupt noch etwas anderes im Kopf zu behalten. Nur wenige überwinden diese Erfahrung, können die Wunden der geistigen Übergriffe heilen und ein „normales" Leben führen.

Vermag der Mensch so Gott wahrhaft zu erfahren?

Die Frage beantwortet sich von selbst. Es fehlt gerade hier der wichtigste Aspekt, ohne den eine wahre göttliche Erfahrung niemals möglich ist: die Herzkommunikation! Denn Alles-was-ist kann NICHT mit dem Verstand erfahren werden.

Warum sind Institutionen, die mit Gott in einem so engen Bündnis stehen wollen, derart wenig interessiert an der Gefühlsbildung ihrer Zöglinge und Vertreter?

Es muss einen Grund haben.

Liegt dieser eventuell darin begründet, dass wir über das Herz und über das Gewahrsein den Zugang zum Multiversum haben? Das ist der letzte Schritt in die vollkommene Freiheit und Unabhängigkeit. Und das will weder eine Kirche noch eine Staatsmacht.

Gedankentransformation

Wollen wir unsere Gedanken wirklich heilsam transformieren, bedarf es in erster Linie

- *der Stille und Einkehr (auch Meditation),*
- *zu fühlen üben, anstatt zu denken,*
- *in die Natur zu lauschen: Wind, Regen, Vogelsingen, Waldrauschen, Wasserplätschern, Feuerknistern...*

Dabei hilft tägliche Gedankenhygiene wie

- *Fernsehen und Radio auszuschalten,*
- *Tageszeitungen abzubestellen, Musik- und Beschallungen jeder Art zu meiden,*
- *Alltagsdiskussionen und Gespräche einmal einzuschränken, dafür mehr in die Stille zu gehen,*
- *die innere Wahrnehmung zu aktivieren,*
- *viel Wasser zu trinken (entgiftet auch im Kopf),*
- *Töne zu produzieren,*
- *öfter einmal intuitiv zu musizieren oder zu singen.*

Natürlich muss das nicht fortlaufend stattfinden! Macht es nach Lust und Laune – immer mal zwischendurch. Jeder, der schon einmal ein Retreat (oder auch einen guten Fastenkurs) besucht hat, weiß, wovon ich hier spreche. Denn auch das Fasten reinigt die Gedanken, wenn es in einer natürlichen, ruhigen Umgebung geschieht.

Vielleicht ist es an der Zeit zu überlegen, ob statt des nervigen, immer gleichen Urlaubs am Strand in einem beliebigen

Hotel einmal ein schöner, tief reinigender Klosterurlaub angesagt ist, ein Campen in den Bergen, ein einsamer Inselaufenthalt?

Oder ob statt des spirituellen Superevents mit tollen Highlights, Seminarangeboten, Workshops und Messen (wird ja auch bereits gnadenlos vermarktet) besser ein ALL-EIN(S)-SEIN an einem stillen Ort der Natur, ein Rückzug zu sich selbst sehr viel heilsamer ist?

Auch kreative Arbeit in Freude (nicht als Job, weil immer Druck entsteht) reinigt das mentale Fließen.

Nur so kann unser Denken wieder frei werden und sich nicht mehr an die Strukturen des Massendenkens anheften, nicht mehr in den „Schlingen" des Intellekts festhängen.

Dann – in einer neu erworbenen Gelassenheit von Herzen – können große Lücken entstehen, durch die unsere Kreativität hereinfließen und sich in alle Richtungen ausdehnen kann. Probiert es aus. Ich habe es wirklich oft erlebt.

♥♥♥

Heilende Emotionen

Wir haben alles, was wir brauchen, um zu wachsen, uns auszudehnen und in unser vollständiges Bewusstsein zurückzukehren. Um dieses Ziel zu erreichen, spielen Emotionen wiederum eine tragende Rolle. Wir können mit unseren hochschwingenden, positiven Gefühlen nicht nur unsere Stimmungen „aufmöbeln" und Befindlichkeiten verbessern, sondern längst auch heilsam auf alle Zellen des Körpers einwirken.

Ein wichtiger Fakt ist hierbei allerdings nicht zu unterschlagen: **Es sind nicht positive Affirmationen oder gedankliche Artefakte, die uns helfen, sondern Wahrnehmungen.**

ALL-ES möchte gerne durch unser Herz kommen, sich in unserem physischen Körper ausdehnen und so unser Erleben durchwirken. Genau dadurch können wir es einladen und dazu bringen, seine ordnenden Wellen auszubreiten. ALL-ES ist nichts anderes als „Alles-was-ist", oder auch Gott. Und so lassen wir das Unangenehme (was lediglich die Wertung der Dinge durch den Verstand ist) genauso wie das Wundervolle in uns fließen. Wir geben beidem Raum, sich auszudrücken. In diesem Moment können sich endlich die Polaritäten aufheben und uns bewusst werden lassen, dass ALL-ES so ist, wie es ist. Wir aktivieren so unseren KANAL durch den plötzlich alle Ströme lichtvoll hindurchsprudeln, um im Anschluss daran eine vollkommene Erneuerung des Körpers bis hinunter auf die zelluläre Ebene, ja, sogar auf die Quantenebene, zu bewirken.

Warum ist uns das häufig nicht möglich? Warum will sich partout keine Linderung ergeben? Warum ist alles so „zäh"?

In den meisten Fällen deshalb, weil wir zu oft unsere negativen Gefühle festhalten, uns drauf fixieren.

Es tut IMMER dann weh, wenn der Verstand sich zwischenschaltet und ES analysiert und bewertet. Sind wir jedoch im Herzen und bleiben gelassen, können wir sofortige Transformation erfahren.

Es ist erleichternd zu wissen, dass wir nicht einmal mehr „vorankommen" müssen, selbst wenn sich diese Vokabel in Zeiten der Lichtkörperentfaltungen eingeschliffen hat. In Wahrheit ist auch diese Illusion längst offenbart. Wir gehen auf keinem Weg voran, denn wir sind immer genau da, wo wir sind, was bedeutet, dass wir uns ausschließlich im Hier und Jetzt bewegen (nicht mehr im linearen Schema). Wir nehmen von diesem Punkt aus wahr, was ist.

Ich möchte einige Aspekte näher beleuchten, weil es auch für mich große Lichtblicke waren, dies zu erkennen und schließlich umzusetzen. Natürlich bin ich damit genauso wenig „fertig" wie der größte Teil aller spirituellen Seelen. Doch es ist der Königsweg, die eigenen Tiefen auszuloten, um weiter in unser wahres Wesen vorzudringen.

Viele Menschen lassen sich meist unbewusst durch ihren Alltag schleudern. Andere bedienen sich ihrer Energien, und die Betroffenen bemerken es oft nicht. Negative Emotionen nehmen aufgrund des ständigen Energiemangels und Stresses schnell überhand. Am Ende jeden Tages sehen sie sich vor einem ständig wachsenden Aufgabenberg, dessen Erfüllung niemals in Sicht ist.

Die Kehrseite zeigt das andere Extrem. Seelen, die ihre Arbeit verloren haben oder in den Ruhestand gegangen sind. Sie haben weder Stress noch größere zu bewältigende Aufgaben. Sie langweilen sich, dösen vor sich hin und wissen nicht, was sie mit ihrem Leben anfangen sollen. Zwischen diesen beiden Polen spielen sich die Lebens- und Leidensgeschichten ab – manche mit depressivem Ausgang, manche mit suizidalem Ende oder in alzheimerscher Weltvergessenheit (Verdrossenheit)...

Das ist reichlich deprimierend, nicht wahr?

Auch ich habe jahrelang große Last und Stress ohnegleichen empfunden und erfahren, war verzweifelt, kraftlos, verbittert, und oft verließ mich der Mut. (Das Lebenskapitel beschrieb ich in meinem Buch *„Toröffnungen in die Fünfte Dimension"*, Smaragd Verlag.)

Heute passiert mir das äußerst selten, weil ich gelernt habe, damit umzugehen und schnellstens alle diese Energien durch Gewahrsein aufzulösen.

Sind diese Menschen nun gescheiterte Existenzen? Ja und nein. Sie bekommen die Chance ihres Lebens für eine große Öffnung durch den Katalysator „Leidensdruck" oder Leere. Nur – sie sollten es erkennen, annehmen und fühlen! Sie sollten mutig hindurchgehen, statt tatenlos in ihrem Leiden (oder Verstand) steckenzubleiben.

Wie schaffen sie das? Wie schaffen wir das, wo bei uns – Gott sei Dank – längst nicht mehr „alles zu spät" ist?

Eine weitere Möglichkeit sind heilenden Emotionen. Wenn Gefühle des Unmuts, des Zweifels, der Angst, des Verlustes, der Ablehnung, der Wut in unser Leben treten, sinnen wir darüber nach, analysieren, sezieren und leiden. Wir tun das aus Gewohnheit, seit wir DENKEN.

Zu wenig Raum nehmen wir uns dafür, obwohl sich unser Herz sehr bedrückt anfühlt. Wir wissen zwar, dass die Gefühle gerade präsent sind, doch wir WISSEN es lediglich! Wissen ist nicht FÜHLEN. Es ist nachvollziehbar, was stattdessen zu tun ist. Liebevoll können wir die Emotionen offenherzig anschauen und im Gewahrsein, bis zum Urpunkt, in ihrer ganzen Ausdehnung, in ihrer gesamten Dramatik FÜHLEN! Am Ende können sie endlich weiterziehen. Denn sie sind nur gekommen, um uns daran zu erinnern, dass sie noch da sind, um uns erfahren zu lassen, wie es ist, zu fühlen. Und sie bleiben so lange, bis sie ihren Auftrag vollständig erledigt haben. Keine Minute kürzer, keine Minute länger! Klar, oder?

Wir selbst haben sie ja gerufen in diese Raum-Zeit, um unsere Erinnerungen freizulegen. Nun – für jedes transformierte Gefühl bekommen wir ein Quantum unendlicher Weisheit, Liebe und Glück zurück. Dafür lohnt es sich, diese anstrengenden und tiefschürfenden Frequenzbereiche zu durchforsten und zu transformieren. Der Erfolg ist uns garantiert!

Mitunter finden wir selbst bei geistig fortgeschrittenen Menschen, die alle diese Praktiken lange studiert und schließlich begriffen haben, wiederkehrende Muster. Sie treten auf der Stelle, fühlen sich schwer und dicht, vielleicht traurig und schmerzvoll.

Sie alle nehmen ihren Prozess, ihr Leben, viel zu ernst und suchen dadurch immer wieder ähnliche Problemwelten auf. Auf der unterbewussten Ebene haben sie zugestimmt, die Dunkelmengen heraufzuholen (längst nicht nur ihre eigenen). Und so sind sie ständig in Resonanz mit diesem „Pol". Natürlich ist dies ein großes Geschenk an die Menschheit und auch an sie selbst, weil diese Erfahrungsebenen die Seele „schleifen" und schließlich alle Facetten zum Strahlen bringen. Doch es ist anstrengend. Sie alle könnten sich viel leichter transformieren, wenn sie ganz bewusst eine Menge positiver Emotionen zulassen, fühlen und durchleben würden. Das bringt Wind in alle Abläufe.

Haben wir in unserem Leben nichts zu lachen, dann sollten wir schleunigst damit beginnen, uns diese Empfindungen einmal einzuladen.

Ja, auch Lach-Yoga ist eine Möglichkeit.

Es gibt leider noch zu wenige, wirklich humorvolle Wesen, die das Lachen von Herzen praktizieren (und nicht nur aus beruflichen oder finanziellen Gründen).

Nun gut. Ich bin eher für Gefühle, die wir auf natürliche, ungezwungene Art in uns wieder hervorlocken können, ohne große Schulung. Dazu gehören vielleicht auch die, die wir gänzlich vergessen haben. Was ist dagegen einzuwenden, uns in schweren Lebensphasen bewusst einer humorigen Lektion zuzuwenden? Lachen wie Weinen ist Transformation.

Kommt es nicht aus dem Herzen, sind es dennoch emotionale GEFÜHLSDUSELEIEN.

Emotionen oder Seinszustände, die tief transformierende Kraft besitzen, sind: Dank, Demut, Vergebung, Frohsinn, Liebe, Glücklichsein, Zärtlichkeit, Leichtigkeit, Kreativität, Erfülltsein, Vertrauen, Beten in echter Kommunikation, Harmonie, Vollkommensein, Erfolg, Siegen, Mitgefühl, Geben und Empfangen und viele andere mehr.

Welche der „angenehmen" Empfindungen wurde bisher immer gelebt? Da gilt es genau hinzuschauen. Wir dürfen uns in solchen Momenten anderen Möglichkeiten zuwenden.

So gibt es zahlreiche Frauen, die ihr Herz (und ihren Kopf) gerne „entrümpeln" würden. Anstatt dies zu tun, sind sie putzwütig und pingelig und in dieser Form kaum auszustehen für den „Rest der Welt".

Weitere Beispiele ungeheilter Ausdrucksformen:

- Sucht nach Ästhetik (da die innere Vollkommenheit dem äußeren Schönheitswahn zum Opfer gefallen ist).
- Harmoniesucht (Sucht = Suche).
- Dauernde Entspannungssuche (Urlaube, Freizeit, Kultur) – aktive, inaktive Bewegungssuche (Sportevents, TV-Sport).
- Erfolgs-, Sieger- oder Eroberungssucht (BMW, Chef, Hausboot, Sexbombe zur Frau nehmen, da äußerer Wert sicht- und greifbar, Banker/Manager der Chefetage usw.).
  Für diese Menschen ist es zutiefst heilsam, zu weinen, bitten zu müssen (nicht betteln), demutsvoll zu sein (nicht devot), Leere zuzulassen (zum Beispiel Meditation und nicht Burnout) oder eine Weile in der Natur zu leben, natürliche Erde, nicht Schmutz, zu spüren (nicht abzugleiten in Ver-

wahrlosung, die droht, wenn wir hier keine Balance finden).

- Übermäßige Beschäftigung mit Kinderthemen (Frauen) oder Spiel- und Sportsüchte (Männer), weil das Innere Kind nicht mitgewachsen und meistens auch die eigene Kindheit durch übertriebene Erziehungs- oder „Benimmsucht" wie auch Inhaltssucht(!) vertrocknet ist.
- Spirituelle Event- und Erlebnissucht.

Ja, auch diese ist ungeheilt, weil es zahlreiche Wesen mittlerweile in diese Veranstaltungen zieht („alles andere „ham wa" durch").

Fühlen wir doch hinein, WAS uns dorthin zieht. Ist es ein inneres Gespür mit einem leichten Zug, oder ist es ein Erlebenwollen, ein Unterhalten-werden-Wollen, ein – ach ja, kenn ich auch schon? Ich würde es hier nicht schreiben, wenn ich nicht ähnliche Erfahrungen gemacht hätte. Doch sie sind schließlich dem Erkennen und Gewahrsein gewichen, dass gerade die Facetten, Wege und Potenziale meiner ICH-BIN-Gegenwart weitaus spannender, grenzenloser und kreativer sind als jedes Meister-Mantra, jede Heiligsprechung, jeder Großtrubel ohne inneren Nachklang. Und daher fühle ich inzwischen ziemlich klar, welches Wesen oder welcher Raum mir zu weiteren Ausdehnungen verhilft, und wo nur spirituelles Kopf-Blabla und Scheinheiligkeit zelebriert werden.

Ich halte auch nichts von dem Ausspruch: Ach, wir brauchen das ALL-ES nicht mehr! Wir wissen das alles längst! (der kleine Geist lässt grüßen). Wir können ES erst dann wirklich wissen, wenn wir es vollständig erfahren haben.

Auch ich habe einige Seelen in meinem Kreis hin und wieder ENT-TÄUSCHT (habe ich doch gerne gemacht! Ich liebe euch!), obwohl die Erkenntnis zu diesem Zeitpunkt echt schwer war. Ebenso erfuhr ich vielfach Enttäuschung. (Ich danke allen Gefährten genau dafür!)

Das sind nur wenige Beispiele ungeheilter Empfindungsebenen, die sich aufblähen, weil ein großes Ungleichgewicht herrscht. Der Ort, an dem all dies sofort und ohne Umschweife NEUTRALISIERT wird, ist einzig und allein das HERZ! Um heilsame Gefühle und Empfindungen zu wecken, habe ich mit geistigem Beistand eine kleine Gefühlsmeditation kreiert.

Verschmelzung mit dem Seelenengel

- *Lehne dich zurück und finde zu dir selbst.*
- *Atme entspannt, schließlich senkrecht.*
- *Spüre deinen Lichtkanal.*
- *Fühle in dein Herz, tiefer und tiefer.*
- *Nimm dein Herzlicht in Augenschein und bewege dich mehr und mehr darauf zu*
- *Gehe in dieses Licht und verbinde dich dort mit deiner Seelenessenz.*
- *Rufe deinen lieben Seelenengel an, mit dir vollkommen zu verschmelzen... Jetzt!*
- *Fühle in dem Moment, wie sich plötzlich das Licht und die Liebe in dir erhöhen, dich durchdringen.*
- *Erkenne: Dieses Licht ist dein ständiger Begleiter durch dein Leben, durch alle Inkarnationen. Es sah alles, erfuhr alles – genau wie du.*
- *Fühle, wie dieses Wesen dich umgibt, wie es dich liebt.*

- *Kannst du Ehrfurcht vor seiner Größe und seinem Wissen empfinden?*
- *Dann lass diese Gefühle fließen, denn das Wesen spürt jede deiner Regungen; es spürt deinen Herzschlag, trocknet deine Tränen und dankt dir dafür, dass du dich ihm geöffnet hast.*
- *Bist du nun imstande, ihm etwas zurückzugeben?*
- *Was könnte es von dir wollen?*
- *Möchtest du ihm danken? Möchtest du ihm deine Liebe schenken – für die vielen Momente deines Seins, die es schließlich allesamt in deiner Seelenbibliothek bis jetzt aufbewahrt hat?*
- *Dieses Wesen ist dir durch Freude und Trauer, Licht und Dunkel, durch Heil und Schmerz gefolgt. Es war und ist dein unsichtbarer Begleiter bis zu dem Zeitpunkt, an dem sich deine inneren Augen weit geöffnet haben.*
- *Du kannst es um Vergebung bitten, weil du es nicht bemerkt hast, seiner nicht gewahr warst in all der Zeit.*
- *Diese Vergebung sei dir jetzt gewährt!*
- *Das Seelenwesen möchte in Wahrheit nichts anderes, als deine Öffnung und deine innere Stimme hören.*
- *Fühle, wie sich dein Seelenengel jetzt anfühlt.*
- *Hat sich dein Empfinden verändert?*
- *Freue dich, denn ihr werdet von jetzt an gemeinsam schwingen – ganz bewusst!*
- *Bitte deinen Seelenengel nun von Herzen darum, dass er dich darin unterstützen möge, friedvolle, leichte und hochschwingende Gefühle und Empfindungen in dein Leben zu ziehen.*
- *Er wird jedem deiner Herzenswünsche Folge leisten.*
- *Genieße jetzt das sanfte Wesen deiner Seele.*

Du bist eins mit Allem-was-ist, und so bist du eins mit deinem Seelenengel. Dein Seelenengel bist du selbst in einer höheren Ausdehnung. Komm nun ganz langsam zurück.

Es ist Zeit, die Emotionen zu heilen!

Wird diese Meditation in ähnlicher Art öfter ausgeführt, können sich Energien ausbalancieren, weil der andere Pol nun gestärkt wird. Darüber hinaus kann jeder weitere positive Emotionen in sein Leben ziehen – gerade dann, wenn er mal wieder so gar nichts zu lachen hat.

Sucht dazu einfach eine Emotion aus, die ihr empfinden wollt – auch wenn es schwer ist. Lasst den Fernseher aus, der nur eure Aufmerksamkeit bannt, und nehmt euch den Raum, euch selbst zu spüren. Die Geistige Welt hilft uns dabei und liebt es, wenn wir für sie Kerzen anzünden. Tun wir dies im Bewusstsein, dass wir niemals allein sind: eine für die Seele, eine für den Schutzengel, eine für die Ahnen, eine für die Aufgestiegenen Meister, für die Erzengel, die Elementarwesen...

♥♥♥

Der Körpergeist verlangt eine tiefere Verschmelzung

Werden wir von Transmutationssymptomen geplagt und haben schwer zu kämpfen, um in unserer Mitte bleiben zu können, finden wir oft keinen anderen Ausweg mehr, als tief in uns hineinzuhören. Bei dieser Art Körperkommunikation verbinden wir uns mit ihm – dem Körpergeist, einem Wesen, das einzig und allein für die Befindlichkeiten des physischen Leibs zuständig ist.

Vielfach führten wir bereits die Zwiesprache, lauschten in die Stille und bekamen trotzdem keine Antwort.

Der Körpergeist verlangt von uns einen tieferen Einstieg, eine bedingungslose Hinwendung. Erst dann werden uns wertvolle Hinweise geschenkt, Botschaften der einzelnen Organe und der gesamten Physis offenbart.

In innerer Verbundenheit mit unserem Körper – das bedeutet, im tiefen Hineinspüren, indem wir (das Sein) alles an ihm bedingungslos annehmen und lieben, öffnet sich das Tor zur Körperweisheit. In diesen Momenten können wir klare Bilder sehen oder Informationen wahrnehmen, es werden uns Mittel und Möglichkeiten aufgezeigt sowie Ursachen und Zusammenhänge für die Entstehung der jeweiligen Symptome genannt.

Es ist häufig der Fall, dass uns bestimmte Menschen gezeigt werden, die uns behilflich sein können, oder sogar Adressen oder Therapien.

Haben wir das Tor der Einweihung einmal durchschritten und die intensiven Gefühle wahrgenommen, werden wir unserem Körper wie unserem Geist fortan mit viel mehr Anerkennung, Dank, Liebe und großer Demut begegnen.

Er ist unser Begleiter auf Erden und das Gefäß, das unsere Seele gewählt hat. Schließen wir in diesem Bewusstsein Frieden mit allen kleinen Mängeln und Makeln unseres biologischen Gefährts und achten es für das, was es uns bedingungslos mit jedem Atemzug schenkt: die einzigartige Erfahrung einer Verkörperung in der materiellen Dimensionsebene.

Atmet dies hier und jetzt mit mir gemeinsam ein und aus und spürt, wie viel Dankbarkeit und Liebe ihr von eurem Körper zurückbekommt. Fühlt es bis in jede Zelle und lasst zu, dass es euch (wie mich) mächtig durchrauscht.

Erkennen wir und erinnern wir uns daran, dass es niemals einen anderen „Schuldigen" gab oder gibt, der uns vermeintlich körperliches Leid bescherte als wir selbst.

Haben wir es nicht in diesem Leben oder auf der Ebene des Wachbewusstseins verursacht, dann in einem der vielen Vorinkarnationen. So ist es in unsere Aura geprägt und wird sich zum gegebenen Zeitpunkt öffnen und entsprechende Energien anziehen und freisetzen (wenn wir es nicht schon im Vorfeld energetisch transformieren konnten). Dazu zählen gerade die zahlreichen Unfälle, Übergriffe, Notsituationen oder Traumata, die viele Menschenseelen durchleben. Es betrifft Täter wie Opfer gleichermaßen.

Es hilft uns nicht, in Widerstand zu unseren Peinigern zu treten. Eine Transformation kann sich ausschließlich vollziehen, wenn wir die Realität bedingungslos annehmen.

Öffnen wir im Herzgewahrsein den inneren Blick auf uns selbst, erinnern wir uns vielleicht an eine Wahrheit:

Wir sind VOLLKOMMEN, wie wir sind! (was längst nicht bedeutet, perfekt zu sein!). Wir sind es immer gewesen, sonst würden wir die Vollkommenheit GOTTes und der gesamten Schöpfung anzweifeln.

Dann würden wir wieder in Egostrukturen festhängen.

Lassen wir jedoch diese Wahrheit gelten, verschmelzen wir mehr und mehr mit unserem ursprünglichen Design.

♥♥♥

Bewege Energien, sonst bewegen sie dich!

Wir Menschen sind so sehr fixiert auf die Dinge des Alltags, auf die kleinen oder größeren Standards, die wir in unser Leben gezogen haben, und wollen nicht ablassen von eingeschliffenen Gewohnheiten, alten, eingerasteten Strukturen oder liebgewonnenen Bequemlichkeiten.

Natürlich war das bis jetzt die sichere Bank, auf der wir uns wähnten, mussten wir ja in dieser Dimension Fuß fassen und, vor allem, denselben auch auf dem Boden halten.

Energien wollen quirlig fließen, sie wollen schwingend tanzen.

Wenn wir unsere Energien nicht bewegen, bewegen die Energien uns. Das ist gerade jetzt ein Gesetz!

Halten wir uns weiter an „festgezurrte" Gegebenheiten, werden wir früher oder später von den Umwälzungen erfasst und haben kaum noch die Möglichkeit, den Kopf über Wasser zu halten, um atmen zu können. Alles, was auch nur den Anschein hat, festzuklemmen, wird nun fast ruckartig aus den Fugen gerissen, um ihm die einzigartige Chance zu geben, sich tiefgreifend zu verändern.

Es bedeutet auch, dass, wenn wir selbst für genügend Fließen in unserem Leben sorgen, wir jede Veränderung mit Leichtigkeit meistern können.

Jeder von uns wird bei genauerem Hinsehen erkennen, wo Veränderungen im Alltag dringend anstehen. Augen auf und durch, kann ich nur empfehlen, ehe euch der Fließstrom auf ganz anderen Ebenen erwischt.

Für den Alltag bedeutet es, dass wir uns einmal völlig neuen Situationen öffnen dürfen und uns nicht mehr jeden Tag dieselben Abläufe antun, dasselbe essen, (sondern einmal in andere Kulturen und Bräuche eintauchen oder das Essverhalten gänzlich verändern), nicht dieselben Wege gehen oder fahren und so vielleicht wieder der Natur ein Stück näher kommen. Wir sollten nicht nur dieselben Menschen treffen, sondern uns stattdessen durch andere Energien bereichern lassen, nicht dieselben Worte gebrauchen, eher unseren nächsten Angehörigen gegenüber einmal neue Töne anschlagen.

Es bedeutet nicht, unserer bisherigen Körperbetätigung immer treu zu bleiben, sondern auch diesbezüglich neue Herausforderungen zu suchen (Menschen, die bisher ständig in Bewegung waren, ist hier Ruhe empfohlen).

Wir sollten nicht mehr auf dem Sofa „abhängen" und vor dem Fernseher, sondern neue Freizeitbeschäftigungen wie Lesen, Musikhören oder Kommunizieren entwickeln.

Wir verändern uns bereits, indem wir unseren Schreibtisch auf- und das Büro einmal umräumen, oder wenn wir uns beispielsweise neuen Wissensgebieten zuwenden.

Die Veränderung der Haartracht verlangt allerdings drastischere Einschnitte, damit es sich auf der inneren Ebene auswirkt – aber ja, auch hier gibt es Möglichkeiten: eine Glatze scheren lassen zum Beispiel (das meine ich ernst! Wie, glaubt ihr, reagiert das Umfeld darauf ... und dies verändert auch ganz Hartgesottene. Irgendwann tue ich es auch einmal).

Wie bereits erwähnt: Heilsame Energieveränderungen ergeben sich meist auch, indem Partner getrennt schlafen. Es geht einfach um einen anderen, neuen Blickwinkel.

Die Veränderungen werden nicht auf sich warten lassen. Sie kommen vielleicht nicht ganz so überraschend, so herausfordernd, da wir bereits eigene Festgefahrenheit aufgebrochen haben und daher gut im Fluss sind.

Fühlt in euer Herz und erkennt, wo ihr euch selbst beschränkt und dadurch an der alten Matrix festklammert.

Der Zeitgeist lehrt uns andere Wege, die wir genau jetzt beschreiten können.

Bremst uns das Ego aus?

Tut es das? Oder ist es nicht die innere Entscheidung, genau hinzuspüren und im Erkennen eine neue Wahl zu treffen? Wohl eher ist es so.

Zahlreiche Lichtkrieger „verheddern" sich tagein, tagaus in den Fängen des Egos und geben schließlich erfolglos auf. Das haben wir alle erlebt oder erleben es noch, nicht wahr?

Das Ego ist ein Seinsaspekt, den wir in das Leben, in unsere Welt mitgebracht haben, damit er uns dabei dienlich sei, möglichst langanhaltend die illusionäre Welt der Materie zu erfahren. So können wir ihm nun – am Ende der Zeit – nicht einfach die Rückfahrkarte in die Hand drücken und sagen: „Ade, das wars, Alter, ich brauche dich nicht mehr...!" Dafür hatten wir ihn schließlich nicht eingeladen. Kein Wunder, dass in diesen Zeiten so viele Egoanteile aufbegehren und ihre durchschlagende Kraft zum Ausdruck bingen. Sie alle verteidigen nur ihren Daseinszweck.

Doch wir müssen dem Ego nicht die Sporen geben, sondern es einfach als das akzeptieren, was es ist: Energie!

Nur im Erkennen und Annehmen können wir uns so von den ungeliebten Aspekten befreien. Dreh- und Angelpunkt ist auch hier wieder unser Herz und seine transformierende Kraft.

Selbst geistige Meister einer hohen Entwicklungsstufe sind nicht völlig frei von Egostrukturen – nur sind es dort meist diffizilere, durchdringendere Prozesse, feinere Schattierungen und Nuancen des „alten Egos", die nur ein geübtes inneres Auge und ein offenes Herz erkennen können. Meister werden jedoch mit viel gefährlicheren Facetten konfrontiert, und diese Transformationen ziehen Schwaden von Egotentakeln des Kollektivgeistes der Menschheit heraus. Ja, vernichten sie mit einem finalen Schlag. So leg(t)en diese Menschen den Grundstein für großartige Bewusstseinsausdehnungen der gesamten Weltbevölkerung.

Wir selbst sind in unseren eigenen Prozessen und achten auf die Dinge, die sich immer öfter schmerzhaft zeigen. Haben wir schließlich alles, was relativ leicht zu durchschauen war, transformiert, geht es natürlich zum nächsten Tauchgang in die Tiefsee. Auch dort stehen wir – wie so oft – eine ganze Weile im Nichts, ehe wir die unbekannten Strukturen erfassen können.

Leider haben wir uns für den Schluss noch eine besondere Überraschung aufgehoben: Sind viele weltlichen Fänge des Egos weitestgehend durchschaut und gemeistert, erwartet uns vielleicht auf höherer Ebene das spirituelle Ego und seine vielgestaltigen Fußangeln, Schlingen, Verknüpfungen und Tentakel.

Nein, bei euch nicht?
Hm...

Das ist erst dann vorbei, wenn wir ganz entspannt mit der Thematik umgehen können. Wenn wir zulassen, ES zu erfahren und es so sein lassen können. Dann wird es verblassen.

Durch die Bewertung unseres Gegenüber (es sind ja die Spiegel, die sie uns zeigen) bekommt es jedoch Kraft, und die

Aussagen des spirituellen Egos klingen etwa so: „DU urteilst gerade wieder, DU bist hier respektlos, DU bist aber jetzt gar nicht im Herzen, Du hast mich sehr enttäuscht, DU hast mich verletzt, DU bist nicht in deiner Mitte, DU hast dunkle Energien an dir hängen, DU bist nicht ausbalanciert, DU... DU... DU."

Das genau ist der Weg des spirituellen Egos, und ich zeige dies hier so drastisch auf, weil es mir selbst sehr häufig begegnet ist (Pardon, ihr Lieben!)

Wir kommen aus dieser Schlinge nur heraus, indem wir es uns gestatten, zu spüren. Hier lautet die Frage: „Was macht das gerade jetzt mit mir, was fühle ich, was zeigt mir, was wird mir gespiegelt?"

Ansonsten ist es nichts anderes als Ping Pong. Es bringt keine Veränderung und hört so niemals auf.

Die transformierende Antwort könnte lauten: „Ich fühle mich..., Ich bin jetzt..., Ich habe das Gefühl von..., Ich spüre in mir, dass...", usw.

Versteht ihr den Unterschied? In Wahrheit gibt es kein Gegenüber sondern immer nur uns selbst im EINSSEIN.

Bis wir alle hier angekommen sind, gibt es noch ein Netz voller Treibgut, das wir fein säuberlich sortieren dürfen.

Beispiele

Es beginnt bereits damit, dass wir aus vollem Herzen eine interessante, spirituelle Veranstaltung besuchen wollen. Wir sind entbrannt, Feuer und Flamme, etwas anzuschauen, zu erleben oder zu meistern..., und schon ist das (weltliche!) Ego wieder präsent und fordert erbarmungslos seinen Tribut. Meistens wird es uns von der Familie gespiegelt.

- **Bist du wahnsinnig, für diesen Hokuspokus so viel Geld rauszuwerfen?**
  (Für welche Unsinnigkeiten werfen wir sonst das Geld hinaus – für Haus- und Körperputz sind in der Drogerie schnell mal 100 Euro weg, oder für Schuhe – da spielen 200 Euro keine Rolle. Oder für das Auto. Es geht früher oder später kaputt und bleibt uns ebenso wenig erhalten. Für den Frisör – das kann man wenigstens sehen...)
- **Du kannst dir das nicht leisten!**
  Die Armutsnummer – ein beliebter Fangstrick. Meistens ist das Selbstwertgefühl nicht gerade gut ausgeprägt, und so folgen wir rasch den eingetretenen Pfaden.
- **Du hast eigentlich gar keine Zeit. / Es ist viel zu weit.**
  Nein, hast du nicht. Nur dann, wenn du sie dir nimmst. Das bedeutet: Zeit und Raum sind Illusion, doch in unserer bisherigen Welt wiederum sehr real. Wir erfahren das erst, wenn wir uns über diese Grenzen hinwegbewegen. Treffen wir hier bewusste Entscheidungen, werden wir feststellen, dass wir mit Sicherheit sehr viel Zeit gewinnen und gerade solche dreidimensionalen Begrenzungen Meter für Meter auflösen.
- **Die Familie...**
  Eine beliebte Ausfluchtstrategie, um uns wieder ein schlechtes Gewissen zu machen. Meistens funktioniert das auch.

- **Ein Geburtstag...**
  Ja, klar. Gab es schon etliche, wird es weitere geben. Was passiert an solch einem Geburtstag? Ohne Kommentar. Jeder dieser Tage kommt definitiv ohne uns aus!
- **Du bist schon sooo weit, du brauchst das nicht mehr!**
  Ah – hier tauchen wir ein in unser spirituelles Ego! Das ist noch seine sanfteste Spielart. Wenn wir fühlen, dass uns etwas wirklich anzieht, dann wird es uns definitiv helfen, uns an unsere wahre Größe und Herkunft zu erinnern. Es wird uns mit jedem Puzzleteilchen tiefer das Gesamtbild erkennen lassen. Entsprach ein Seminar vielleicht nicht den Erwartungen (was häufig passiert, entschieden wird zuvor aus dem Kopf heraus), heißt es oft:
- **...ich hatte dabei eben eine andere Aufgabe!**
  Das ist selten wirklich der Fall und eher eine dumpfe Ausrede des kleinen Geistes. Ich habe erfahren, dass alles, was uns innerlich anspricht, wenn wir hineinspüren, auch richtig für uns ist. Unsere Seele zieht die Fäden, indem sie die Energie erhöht, dass wir darauf aufmerksam werden – so einfach ist das.
  Bleiben wir in fester Absicht und verbunden mit der gewünschten Energie – ein besonderer Urlaub, eine spirituelle Reise, ein gemeinsames Treffen oder ein interessantes Seminar –, dann wird unsere Seele uns immer unterstützen.

Es ist egal, welche Gedanken das Ego uns einredet. In Verbindung mit unserem Seelenengel werden wir diese Illusionen durchschauen. Dabei ist es fast gleich-gültig, welcher Betrag angesetzt ist, denn selbst der Geldfluss wird sich synchron einstellen (gelenkt durch die Geistige Welt), und der Betrag wird uns hinterher niemals fehlen. Auch und obwohl wir uns weiter anderen Geldzuflüssen verweigern. In solchen Momenten sind wir im Fluss mit unseren Gefühlen und in Verbindung mit unserer Seele. Schließlich wird uns nur dies wirklich erhalten bleiben – als Erfahrung, als gemeisterte Lektion, als Wissen.

Niemand kann es uns mehr nehmen!

Alles, was wir unserem jeweiligen „Kanal" (Meister) an Materiellem geben, entfernt uns von dieser Ebene. Alles, was wir ihm nicht geben (gönnen, liebevoll fließen lassen), hebt IHN weiter in geistige Sphären und hält uns dagegen in der Materie fest. Denn wirklich alles wird ausgeglichen auf den Ebenen, die uns zugänglich sind! Lassen wir die Kanäle also sprudeln.

Eine geistige Erfahrung ist immer das Geld der Welt wert, denn sie steht über der physischen Dimension. Das darf jedoch jeder selbst entscheiden, erkennen und verdauen.

Spirituelle Wesen, die bewusst nach diesem Prinzip handeln, können sehr rasch in ihr vollständiges Bewusstsein kommen und lassen nicht selten dabei auch treue Weggefährten zurück. Ich kenne einige Meister (Gurus), die dies wissentlich für sich nutzen, indem sie Retreats oder Übertragungen umsonst anbieten...

Was sie davon haben?

Könnt ihr es euch nicht vorstellen? Sie werden auf den Weg nach oben (ich nenne das der Erklärung halber so) katapultiert! Ja, so sieht es aus. Nun – „Spiritualität darf kein Geld kosten"?

Der Preis sollte auch hier immer dem Wert angemessen sein. Hat es uns indes richtig weitergebracht, so können wir frei entscheiden, noch einige Scheine draufzupacken (jene, die nicht mehr im Mangelbewusstsein sind). Alle anderen entscheiden nach ihrem freien Empfinden.

Die geistige Familie schaltet sich ein.

Betrachtet Geld nicht mehr so wie bisher. Ihr seid längst imstande, diese Energien zu wandeln. Geld – egal, welche Beträge euch zur Verfügung stehen – wird sich künftig entsprechend eurer Sichtweise verhalten. Das bedeutet genauer: Wenn ihr das Gefühl habt, ihr kommt mit einer bestimmten Summe nicht zurecht, dann geschieht dies nach eurem Empfinden. Genauso verhält es sich auch umgekehrt.

Ihr bestimmt mit eurer Betrachtungsweise den (individuellen) Wert des Geldes und das Verhalten eures Geldflusses. Dabei wird es immer seltener auf die entsprechende Zahl vor dem Betrag ankommen."

Wunderbar!

Es gibt unterschiedliche Beweggründe, warum Menschen für eine angemessene Leistung nichts verlangen. Manchmal begrenzen sie sich auch im „Unwertdenken" und können so nicht einmal spirituelle Fortschritte erzielen.

Betrachten wir als Beispiel die unzähligen Ashrams mit ihren Gurus. Warum sitzen so viele Anhänger bei ihnen und sind nach Jahren(!) Anhängerschaft immer noch nicht viel weiter gekommen in ihrer eigenen Seelenentfaltung? Der Guru (nicht jeder) nutzt solche Ungleichgewichte gerne für sich. Er fordert zum einen alle Aufmerksamkeit, teilweise auch körperliches Zugehen von seinen Ashramdienern. Er arbeitet mit dieser Energie für sein eigenes Hervorheben. Es gibt Meister, die können Goldeier auf der Zunge materialisieren.

Die Frage ist: Was hat das für einen Sinn?

Wie viel wertvolle spirituelle Energie ist dafür (jetzt noch) nötig? Kommt die Menschheit nun dadurch weiter?

(Sicher, in Äonen werden wir in der Lage sein, aus einem Hauch ganze Universen zu erschaffen.)

♥♥♥

Spirituelle Hygiene

Spirituelle Hygiene ist in den Zeiten des Umbruchs immer ein wesentliches Thema.

Was würde passieren, wenn wir uns nicht täglich von allen aufgenommenen dichten Frequenzen freimachen würden? Wir würden uns schlecht und schwach fühlen und immer wieder neue Symptomatiken produzieren, wären schließlich völlig energielos und schlaff und hätten vielleicht eine schwere Krankheit. Ja, es gibt mitunter auch Heiler, Therapeuten, Ärzte und Heilpraktiker, denen es so ergeht. Gerade im medizinischen Bereich ist das häufig anzutreffen.

Zunächst sind diese Menschen vollends kaputt und ausgelaugt, wenn sie ihre Arbeit beendet haben. Begreifen sie jetzt nicht, dass sie ganz schnell energetisch handeln müssen, schlägt plötzlich der erwartete Energiestrom um in einen SAUGstrom um. Wir liegen vielleicht unter den Händen eines Masseurs/einer Masseurin oder sitzen bei einer Gesprächstherapie und fühlen nur noch Kälte und Unbeweglichkeit. (Das ist nicht zu verwechseln mit der kosmischen Kälte, wenn wir mit hochkarätigen Energieströmen arbeiten. Sie sind eisig, damit wir sie überhaupt hindurchleiten können, weil sonst unser Nervensystem durchbrennen würde – bei energetischen Operationen zum Beispiel.)

Nein, ich meine wirklich die Saugmanöver der energieleeren Seelen, die um jeden Preis ihre Opfer „anzapfen" müssen.

Da sollten wir viel genauer hinspüren.

Dennoch müssen Menschen keine Heiler sein, um schlechte Energien aufzunehmen. Es passiert auch in den Familien oder Arbeitsteams. Einige meiner Klienten (Männlein oder Weiblein, das spielt gar keine Rolle) werden ständig mit solchen Schwingungen konfrontiert. Auch sie sollten hier selbst aktiv werden und klare Entscheidungen treffen.

Diese Entscheidungen können wir (Heiler, Therapeuten) ihnen nicht abnehmen. Natürlich verhelfen wir ihnen, indem wir ihre Energien stärken, auch zur Bewusstseinsentwicklung – wenn sie das wollen. So durchlichten sich ihre Felder, und sie sind Schritt für Schritt selbst in der Lage zu erkennen, wo sie stehen und was ihnen in solchen Momenten wirklich hilft.

Ich erlebe es immer wieder: Die Menschen haben so sehr mit sich selbst zu tun, dass bereits „einfache" Erklärungen sie überlasten und sie „zumachen". Viele beginnen schon nach dem dritten Satz zu gähnen, wenn sie auf der Liege liegen. (Ja, ihr Lieben, euch meine ich, die ihr das jetzt gerade lest. Sorry ... deshalb schreibe ich die Bücher. Da lachen sie – ich sehe die Bilder, es ist wie im Fernsehen.)

Mein Gott – frage ich mich dann, wie wollen sie denn nun das komplexe spirituelle Wissen integrieren, für das wir zehn bis zwanzig Jahre benötigt haben?

Die Antwort ist: durch senkrechtes Atmen!

oder

EINFACH DURCHATMEN!

Ich habe die Anleitung dafür in meinem Buch *Toröffnung in die Fünfte Dimension* erklärt. Hier nur in Kürze: Wir lassen den Atem vertikal durch unseren Energiekanal fließen und atmen tief hinunter in das Herz der Erde und von dort über unser Herz (einatmen und ausatmen) hinauf in die Zentralsonne Alcyone. Durch den Pranakanal, vor und entlang der Wirbelsäule, fließen alle Energien und Informationen, die wir mit dem Atem aufnehmen.

Für jeden Behandelnden ist es darum wichtig, nach einem anstrengenden Praxisalltag die eigenen Felder zu klären und zu reinigen, da er immer wieder die dichten Energien seiner Klienten aufnehmen und wandeln muss. Ob bewusst oder unbewusst – es passiert einfach.

Nun hat dabei jeder seine eigene Technik, und ihr – Energieüberträger – wisst ziemlich genau, was gut funktioniert und was nicht. Daher betrachtet diese Möglichkeiten als Erweiterung eurer Kenntnisse und lasst sie für Menschen stehen, die bis hierher gekommen sind und noch ein wenig Anleitung benötigen.

Wie bereinigen wir also unser Feld, wenn es von „klebrigen", dichten Energien durchzogen ist, wenn wir spüren, dass wir keine Kraft mehr haben?

Nachfolgend eine schnelle Transformationsmethode.

Die Transparenzatmung
Gehe hinaus an die frische Luft – vielleicht in einen schönen Park oder, wenn möglich, in die Nähe der Natur.

- Atme tief ein und aus.
- Vertikalisiere deinen Atemstrom.
- Lass Unordnung, verbrauchte Energien los.
- Leite sie in das Zentrum der Ede ab, wo sie durch Lavaströme gereinigt werden.
- Halte Hände und Füße parallel zur Erde.
- Sei in deinem Herzen, dehne dich aus.
- Stell dir nun vor, du verschmilzt mit der Natur um dich herum und ziehst alle ordnenden Kräfte in deine Felder.
- Atme bewusst diese Vollkommenheit ein.
- Werde nun selbst zu Luft, sei transparent wie Luft.
- Du erfährst eine schöne Energieerhöhung.
- Deine Vibration wird rasch ansteigen.

Diese Atmung mache ich fast täglich auf meinem Balkon oder im Garten, auch in der Nacht, weil ich manchmal nach Meditationen, Heilkreisen oder Seminaren erst gegen 23.00 Uhr und später nach Hause komme („Spät-Spiri").

Dabei richte ich mir mein Leben immer mehr so ein, dass es meinem Rhythmus entspricht. Ich stehe morgens gegen 8.30 Uhr auf und bin ab dieser Zeit zu voller Leistung fähig, bis 24.00 Uhr, wenn es sein muss. Das macht den Unterschied. Würde ich allmorgendlich um 6.00 Uhr „raus" müssen, ich wäre platt wie eine Flunder.

Ich habe fast durchgehend kraftvolle Energien. Das Gefühl „erledigt" zu sein, kenne ich kaum. Eine Ausnahme dabei bilden tiefe Prozesse. Doch auch da komme ich sehr schnell wieder auf ein komfortables Schwingungsniveau. Ich beschäftige mich oft und gerne mit mir selbst, was allein meine vielfältigen Energieexperimente erfordern. Fast täglich werden mir diesbezüglich neue Visionen geschenkt.

Einen kleinen Teil habe ich in diesem Buch mitgeteilt. Doch es gibt noch ein unendliches Reservoir davon in meinen Aufzeichnungen und in der Akasha, das ich gerne mit all jenen teile, die diesem Wissen gegenüber aufgeschlossen sind.

Wie finden wir einen guten Behandelnden?

Ich möchte niemanden beurteilen, vielmehr möchte ich den Blick auf wichtige Dinge lenken und dabei den Empfindungen etwas auf die Sprünge helfen. Gerade für Ungeübte ist es wirklich schwierig zu unterscheiden, mit welcher Energiequalität sie es zu tun haben. Da müssten sie schon ihr Gefühl bemühen. Ist das jedoch nicht ausgeprägt, sind sie möglicherweise schneller, als ihnen lieb ist, das Opfer von unterschwelligen energetischen Angriffen. Also ist es sinnvoll, sich den Behandelnden oder Energieüberträger näher anzuschauen. Ist er öfter „kaputt" und beklagt häufig eigene Wehwehchen, dann lasst eine energetische Behandlung dort lieber bleiben.

Ein fast sicheres Zeichen, dass ihr es mit einem kraftvollen Heiler zu tun habt, ist sein klarer Blick, sein offenes Wesen und ganz besonders seine Art, humorvoll zu sein. Wenn ein Heiler die Menschen schon nicht anschauen kann, dann hat er irgendetwas zu verbergen, nicht wahr?

Hier sind keine lähmenden Magnetblicke gemeint!

Auch jene, die immer vielsagend dramatisieren, in Rätseln sprechen, eher Fragen stellen, als Antworten zu geben, sind mit äußerster Vorsicht zu genießen, denn in ihnen stecken manchmal alte Hexer, dunkle Wahrsager und Schwarzmagier (in zahlreichen Vorinkarnationen), die sich aus diesen Energien längst noch nicht gelöst haben und keinen Frieden mit den dunklen Kapiteln ihres Seins schließen konnten. Meistens füttern sie eher das, was sie sehen, aus Lust am Mystischen übermäßig, anstatt es zu transformieren.

Ein sicheres Zeichen, dass ihr an einen wirklich erstklassigen Heiler geraten seid, ist, dass ihr mit ihm zusammen erst einmal kräftig lachen müsst. (Ja, auch in Comedians stecken mitunter begabte Heilerseelen...)

Ein heiteres, leichtes Wesen ist immer eine gute Eintrittskarte in die höheren Regionen. Aber schaut einfach, wie ihr euch fühlt, vor allem auch in der Zeit nach der Behandlung. Kommt mächtig was in Bewegung, war es sicher ein voller Erfolg. Was nicht bedeutet, dass alles wie weggeblasen ist. Fühlt ihr euch immer wieder ausgelaugt (damit ist nicht die Regenerationsphase gemeint, die der Körper braucht, um Energien zu integrieren), auch noch mehrere Tage nach der Behandlung, passt etwas nicht, dann schaut besser, wo ihr einen anderen Heiler (oder Bioenergetiker) finden könnt.

Dunkel wandeln durch Herzenskraft
Eines steht jedoch fest: Alle Ströme, die derzeit nicht durch Herzenskraft gewandelt werden, haben stark die Tendenz, in uns stecken zu bleiben. Daher sollte alles, worüber wir nachdenken, mit dem Licht unseres Herzens durchzogen sein, um seine heilsamen Wirkungen zu entfalten.

Alte atlantische Meister erwachen in dieser Zeit mit großer spiritueller Kraft. Mitunter haben sie starke Prägungen aus der dunklen Atlantisperiode (wenn es dich besonders anspricht, bist du einer von ihnen.) Gerade für sie, die es gewohnt waren, alles mit ihrer Gedankenenergie zu steuern, gilt es, jede Sekunde im Fühlstrom des Herzens zu baden.

Liebe ist nicht gleich bedingungslose Liebe

Ich habe erfahren: Es ist sogar ein himmelweiter Unterschied! Ich weiß, dass ich mit dieser Aussage kontroverse Ansichten hervorlocke. Doch lasst es mich näher erläutern.

Natürlich ist es schön, wenn wir Liebe ausdrücken können, doch wir verwechseln die EMOTION Liebe leicht und gerne mit der bedingungslosen Liebe. Nachdem wir jahrelang unsere seelischen Blockaden transformiert, unsere Altlasten entsorgt, allen und jedem vergeben, unsere Seele geklärt und unsere Schattenkämpfe geführt haben, sind wir doch ALLE nun sehr stolz darauf, wieder diese lang vermisste, wenig gefühlte, oft gewollte und nie genügend erhaltene Emotion LIEBE wieder zu empfinden und ausstrahlen zu können. Oder nicht?

Und so zogen wir durch die Lande und liebten alles und jeden, strahlten über beide Ohren und hatten ein weit geöffnetes Herz. Doch wehe... es kam etwas herein (und ES wartete nur darauf!), was nicht mit unserer neuen spirituellen Gesinnung konform ging, die da hieß: Liebe ausstrahlen! Gerade in spirituellen Kreisen passiert dies öfter.

(Ja, ich nehme mich da nicht gänzlich aus, schließlich bin ich ein Mensch in liebenswerter Unperfektion – oder wie drücken wir das am besten aus?) Dann explodierten wir oder unterdrückten unsere Emotionen und waren eins, zwei, drei wieder im Verstand.

Das ist keine bedingungslose Liebe!

Die bedingungslose Liebe können wir mit bewusster herzzentrierter Gelassenheit im Hier und Jetzt gleichsetzen.

Dieser Ausdruck trifft eher zu, weil wir in dieser Offenheit beileibe nicht jeden und alles (emotional) lieben können und müssen. Stattdessen akzeptieren wir es gelassen, ohne zu bewerten, und nehmen Menschen, Dinge und Situationen offenen Herzens an.

Die Emotion Liebe ist so gesehen ein Aspekt der bedingungslosen Liebe, die jedoch weit umfassender ist. Gerade die Familie oder das Arbeitskollektiv oder auch Freunde, und vor allem unsere spirituellen Freunde(!), kennen uns so gut, haben unsere Energien jahrelang (meditativ) studiert und wissen daher ganz genau, wo sich der rote Knopf befindet. Der wird kräftig – manchmal auch stakkatohaft – gedrückt.

Auf höherer Ebene hatten wir für diese Vorgehensweise die Verabredung mit ihnen, um festgefahrene Energien aufzubrechen. Doch unser kleiner Egogeist stellt sich gerne blind, taub und stumm.

So lange wir nun brodeln und kochen, so lange wir innerlich vibrieren, uns aufbäumen und dies unterdrücken, verstecken, überspielen und ES eben nicht rauslassen, können wir nicht in der bedingungslosen Liebe sein. Wir sind es auch dann nicht, wenn wir die Emotionen explodieren lassen und dabei unser Herz wieder verschließen.

Hier liegt ein feiner Unterschied. Selbstverständlich wollen wir unsere Gefühle ausdrücken – allesamt! Doch mit weit geöffnetem Herzen, indem wir gewahr bleiben. Dann nämlich fühlen wir uns hinterher niemals schlecht, sondern gut. (Ebenso sollte sich unser Gegenüber fühlen!) Wir haben zu uns selbst gestanden, waren authentisch.

Fühlen wir uns mies, sind Energien steckengeblieben – nämlich unsere eigenen, und wir haben vielleicht etwas auf unseren Gesprächspartner projiziert, der uns in Wahrheit nur einen Spiegel vorgehalten hat.

Ihr seht, es ist schwierig und ohne Herznavigator wirklich schlecht zu durchschauen. Das liegt daran, dass wir noch immer darauf trainiert sind, zu denken, zu denken, zu denken.

Schwingungsmedizin

Es gibt viele Verfahren, die mit diesem Oberbegriff beschrieben werden. Andere Bezeichnungen dafür sind Informationsmedizin oder Energiemedizin. Die Schwingungsmedizin entstand aus der Verbindung von altem Heilwissen und neuen Ansätzen der Informations- oder Frequenzmedizin. Integrative Medizinsysteme wie die Mentalfeldtherapie (Klinghardt), die esogetische Medizin oder die Orgontherapie (nur Beispiele) nutzen bereits ein breites Spektrum der Energiemedizin.

Hier sind einige genannt, die durch Balancierung oder Erhöhung der eigenen Energie die Selbstheilung bewirken können.

Zur Schwingungsmedizin zählen unter anderem

* Radionik,
* Frequenztherapie,
* Quantenmedizin,
* Bioresonanz,
* Orgontherapie,
* Homöopathie,
* Aura-Soma,
* Geomantie,
* Kristallheilung,
* Klangtherapie, auch im weitesten Sinn,
* Heilen mit Zeichen oder Symbolen,
* Mentalfeldtherapie

und alle Arten von bioenergetischen Verfahren, in denen Energie aufgebaut und mit Schwingungen, Informationen oder

181

Frequenzen gearbeitet wird (die Aufzählung erhebt keinen Anspruch auf Vollständigkeit).

Eine faszinierende Entdeckung der Neuen Zeit, die auf dem Verständnis basiert, dass Materie eine Ausdrucksform des Bewusstseins ist, nennt sich Radionik. Somit wären wir wieder in der Quantenwirklichkeit angelangt. Ich habe selbst jahrelang radionisch gearbeitet und erfahren, welche Wirkungen damit erzielt wurden. Durch die Übertragung von Informationen unterstützt die Methode eine optimale Schwingungsrate von Menschen und Systemen sowie deren Umfeld. Vielschichtige Entstehungsgründe können dadurch aufgedeckt werden, und eine Balancierung erfolgt auf mehreren Ebenen gleichzeitig.

Die ersten bekannten Studien und Geräte der Frequenz- oder Schwingungsmedizin haben Forscher bereits in den 20er Jahren erstellt. Organe, Krankheiten, Gedanken und Emotionen haben individuelle Frequenzen, die so radionisch analysiert werden, um dahinterliegende Ursachen aufzufinden. Durch die Schwingungsübermittlung bekommt der Organismus entsprechende Impulse, die Selbstheilung anzuregen. Die Verbindung wird über ein Foto, einen handgeschriebenen Namenszug oder auch Körpersubstanzen hergestellt, und die Behandlung erfolgt nach dem Resonanzprinzip.

Allgemein kann man sagen, dass durch die Schwingungsübertragung die Vitalität angeregt wird, Organe, Meridiane und Chakren ins Gleichgewicht kommen und so wieder normal funktionieren können. Energiestauungen, Blockaden oder anderweitige Belastungen lösen sich auf diese Weise, ohne dass sie erneut durchlebt werden müssen. Selbstverständlich bleiben auch hier gewisse körperliche Reaktionen nicht aus. Oft findet die Verarbeitung der so angeregten Entwicklungen ganz elegant in Träumen, Gedanken oder Gesprächen statt.

Natürlich kann jeder diese Verfahren der Schwingungsmedizin für sich ausprobieren. Es ist ähnlich wie in der Energieübertragung oder Geistheilung – nur, dass das menschliche System um ein Vielfaches intelligenter ist als jeder Computer, jedes Gerät auf dieser Erde –, was uns beispielsweise die Quantenheilung zeigt.

Gott hat ganz sicher nicht vorgesehen, dass wir alle einen Radionik-Computer besitzen. Ebenso wenig wie einen Tachyomaten, ein Bio-Resonanzgerät oder einen Frequenzgenerator... Er hat uns mit ALLEM ausgestattet, was wir in jeder Situation benötigen, um diesen Weg hier in aller Entscheidungsfreiheit und höchstmöglicher Unabhängigkeit zu gehen.

Die Geräte sind für Menschen gemacht, die noch daran festhalten, für die ein Gerät Sicherheit und Verifizierbarkeit bedeutet und die sich selbst nicht anders helfen können. Dafür sind sie sehr gut.

Einige Seelen sind jetzt bereits EINS mit dem Quantum (Fünfte Dimension). Und darin liegt ALL-ES!

Alles, was wir ausstrahlen, kommt zu uns zurück!

Woran wir uns immer wieder erinnern dürfen: Wir bekommen alles, was wir aussenden, zurück (gespiegelt) – nur stärker und schneller denn je. Es ist essenziell, darauf zu achten, was wir hineingeben in die „Energiesuppe". Vor allem geht es hier um die Gedanken, von denen wir glauben „sieht ja keiner", „hört ja niemand". Fühlen wird es unser Gegenüber immer – zunächst vielleicht nur auf der unbewussten Ebene.

Sind wir nicht damit einverstanden, was uns gespiegelt wird, können wir immer an uns arbeiten, um den richtigen „Kanal" einzustellen, mit dem wir dann auf Sendung gehen – in einem Frequenzbereich, der uns zusagt. Weil alles stark in Bewegung ist, verschieben sich die Einstellungen häufig, und wir müssen täglich neu justieren.

Denn eins trifft auch hier voll und ganz zu:

Sender und Empfänger sind in Wahrheit EINS.

Regenbogen-„Medizin" ist Alchemie der Neuen Zeit

In monatelanger Kreation habe ich im Beisein der geistigen Kräfte und des „alchemistischen Zauberlehrers" Saint Germain immer wieder Farben und Farbmischungen ausgetestet. Daraus wurden alchemistische Essenzen hergestellt, die mit speziellen Energien und Symbolen versehen sind.

So entstanden die Regenbogenmittel. Die Essenzen und Kügelchen enthalten hochordnende Farbfrequenzen und geistige Informationen, die wir für bestimmte Zwecke in unseren Körper bringen können. Sie helfen, Defizite auszugleichen und bringen uns in höhere Schwingungsebenen. Es sind keine Medikamente im herkömmlichen Sinn, sondern Schwingungspräparate, die auf einer hohen Energieebene wirken. Mit den Essenzen können wir unsere Felder energetisch ausbalancieren, aktivieren und klären. Mit den Kügelchen bekommen wir entsprechende Energien in unseren Körper. Die Globuli sind in Wahrheit wirklich leer, und niemand kann darin etwas finden, weil die gespeicherten Informationen über dem dreidimensionalen Spektrum liegen. Aber genau von dieser höheren Ebene aus aktivieren sie das System und regen es an, in eine höhere Ordnung zu gelangen.

Hier folgt die Inspiration mit Saint Germain, dem Meister, in dessen Beisein ich so viele Potenziale empfangen durfte.

Ich grüße euch, geliebte Seelen der irdischen Sphäre. Ich bin heute hier, um euch weiterzuführen auf dem Weg in das Erinnern, wer ihr wirklich seid. Dazu gebe ich gerne hin und wie-

der einen kleinen Einblick in meine Zauberkiste (Lachen). Es geht um die Farben des Regenbogens, insbesondere um die Schwingungen dieser Farben, die ihr für die Ausbalancierung des Körper-Geist-Seele-Wesens empfangen dürft. Das ganze Universum besteht aus Schwingungen oder Wellen, insbesondere aus Tönen, Licht (Farben) und Formen. Diese sind unverzichtbar für alles Leben auf der Erde und darüber hinaus.

Töne, Licht und Formen besitzen ein individuelles Frequenzspektrum, durch das Energien sehr komplex umstrukturiert werden können. Nicht umsonst erstrahlt die Aura eines ganzheitlich ausgerichteten und relativ gesunden Menschen in kräftigen Regenbogenfarben. Und jene, denen einige wesentliche Farbschwingungen in ihrer Ausstrahlung fehlen, sind weit davon entfernt, sich an ihr wahres SEIN zurückzuerinnern.

Vielfach sehen wir noch nebulöses Braungrau, Schatten, Verschiebungen und Löcher in den Energiefeldern. Farbfrequenzen sind reinste Biophotonenenergie, die sofort integriert und das System wieder in die Balance bringen kann. Das menschliche System zumindest ist darauf ausgelegt, diese Informationen auf kürzestem Weg auszuwerten und so Frequenzdefizite auszugleichen. Der Körper leitet die Wellen nicht auf der materiellen Ebene – über den Verdauungsapparat, das Blut oder die Lymphe – hindurch, sondern rein energetisch. Er bekommt so die fehlenden Bausteine direkt geliefert. Alles, was er davon nicht benötigt, wird automatisch auch nicht aufgenommen. Denn euer Körper ist so ziemlich das Genialste, was in diesem Universum erschaffen wurde. Erst wenn ihr in der Lage seid, das Universum eures Körpers zu lesen und zu erfahren, könnt ihr annähernd begreifen, wovon ich hier spreche.

Er ist nicht nur ein hervorragendes Steuer-, Regel-, und Messinstrument, sondern gleichermaßen auch ideale Sende- und Empfangsstation, Transformator oder Generator sowie ein gigantisches Klärwerk für alle Ströme der materiellen und energetischen Ebenen. Euer Körper ist ein Wunderwerk der universellen Biotechnologie, bestehend aus unendlichen Verkabelungen, Verschaltungen, Zu-, Ab- und Umleitungen, aus Antennen und Toren in andere Räume und Dimensionen. Aus einem riesigen Verkehrsnetz von Highways und Fernverkehrsstraßen, wie auch klitzekleinen Pfaden zu geheimnisvollen Orten und Landschaften.

Ja, euer Körper ist in sich ein ganzes Universum und der Teil, der bisher schulwissenschaftlich erforscht wurde, erreicht nicht einmal ein Zehntel des vorhandenen Wissens, das in der Akasha Bibliothek der Erde auf eure Entdeckung wartet. Betrachtet dieses Wunder der Schöpfung und erkennt, wie er leicht und elegant aus der Verstimmung herausgeführt werden kann.

Ihr seid also Wächter über Heil und Unheil, über Krankheiten und Siechtum oder über Vitalität und Lebensfreude.

Ihr fühlt euch so oft verloren und verletzt, so gehetzt und geschunden, weil ihr immer ankämpft, statt anzunehmen.

Atmet hier einmal durch, ihr Lieben. Fließt mit den Strömen, anstatt ständig gegen sie zu schwimmen. Wenn ihr in eine Stromschnelle oder einen Wirbel geraten seid, gilt es, erst einmal tief durchzuatmen und nicht – wie gehabt – zu überlegen: Wer kann mir denn mein Symptom jetzt schnell wieder wegdrücken?

Viele der Essenzen und Mittel der neuen Energiesphäre können euch hier eine große Hilfe sein. Dabei sind die „Regenbogenmittel" nur eine kleine Sequenz aus der Fülle von Varianten und Möglichkeiten eurer eigenen Schatzkisten, die ihr nun selbst öffnen könnt.

Stellt euch vor, dass alles, was in eurem menschlichen Geist kreiert wurde und wird, auf einer anderen Ebene längst existiert! Es gibt nichts, rein gar nichts, was es nicht gibt. Und es gibt viele Wege!

Alle neuen Mittel und Essenzen, Pulver oder Globuli, die in den neuen Räumen entstehen, wirken kraftvoll auf die entsprechenden Schwingungsmuster, und ein Ausgleich kann auf allen Ebenen erfolgen, auch wenn es erst nach einiger Zeit bemerkt wird. Das liegt eher daran, das viele von euch wieder lernen müssen, auf ihren Körper und auf ihre Empfindungen zu achten und die Energien zu spüren. Einige haben noch dicke, alte Verkrustungen, die aufgebrochen (Verschlimmerung, Schmerzen, Symptome) und dann gelöst werden müssen. Daher bekommen sie die Chance, sich diese Themen noch einmal anzusehen, um sie nach Bergung des Erkenntnisschatzes ohne langwierige Prozesse aus ihren Feldern zu entlassen.

Es gibt viele Möglichkeiten zu testen, welche Mittel euch ansprechen. Nehmt sie in die Hand und spürt vielleicht eine wohlige Wärme oder ein Rieseln, testet kinesiologisch, mit Tensor oder Pendel.

Der menschliche Körper als komplexes Wesen ist in der Tat aussagefähiger und dienstbarer als jedes hochtechnisierte Ge-

rät eures medizinischen Backgrounds. Das werdet ihr künftig noch deutlicher erfahren.

Nur – ihr solltet euch im Gewahrsein üben und auf die Dinge konzentrieren, die in diesem Moment nützlich sind.

Ich bin Saint Germain, und ich grüße euch in Liebe.

♥♥♥

Wasser und Symbole

Dass Wasser ein Gedächtnis hat, wissen wir seit den grandiosen Forschungsarbeiten von Viktor Schauberger[1] oder durch die spektakulären Wasserfotografien von Masaru Emoto.

Schauberger zum Beispiel war ein Sohn des Waldes, der in seiner Kindheit tagelang einsam in der urwaldähnlichen Wildnis seiner oberösterreichischen Heimat umherstreifte und so die Natur in einer Vollkommenheit beobachten konnte, die es heute wahrscheinlich gar nicht mehr gibt. Auf diesen Erkenntnissen und Erleuchtungen sollten sich später seine Wasserforschungen gründen. Er studierte intensiv naturbelassene Gebirgsbäche und fand heraus, dass das natürliche Spiel des Wassers erhalten bleiben muss, um es effizient zu nutzen. Einer seiner tiefgründigen Lehrsätze war: „Es geht nicht darum, die Natur zu verbessern, sondern darum, sie zu kopieren."

Ein weiterer Pionier auf diesem Gebiet ist der aus Büchern und Filmen bekannte Wasserforscher Masaru Emoto. Er ergründete in seinen zahlreichen Forschungen um das Element Wasser die Existenz einer „unsichtbaren geistigen Welt" und

1 (Viktor Schauberger (1885- 1958) war in langer Generationenlinie Förster und gilt bis heute als Pionier der modernen Wasserforschung und der ganzheitlichen Naturbeobachtung. Er warnte uns bereits in der ersten Hälfte des 20. Jahrhunderts vor den Folgen eines ungebremsten Raubbaus an der Natur. Seine Arbeit diente unter anderem der Erforschung neuer Technologien der Energiegewinnung im Einklang mit der Natur und der Wasserregeneration durch Verwirbelung.
Zu seinen Erfindungen zählen Apparaturen zur Trinkwasser-Veredelung, naturgerechte Flussregulierungen, Spiralrohre zur reibungsmindernden Wasserleitung sowie die Energiegewinnung aus Wasser und Luft durch Verwirbelung. Man nannte ihn auch den Kupfer-Anton, weil er weitreichende Kenntnisse über Kupfer als Lebenselixier in der Landwirtschaft und im täglichen Leben besaß. Kupfer wirkt antiseptisch und antibakteriell. Es wirkt entlastend auf die Erdbodenstruktur. Kupfer – geerdet – bewirkt einen Schutz vor allen Strahlungen (Handy, elektrischer Strom, kosmische Störstrahlungen, usw.). Kolloidales Kupfer bereichert das körperliche Energiepotenzial (Quelle: „Kupfer in der Landwirtschaft", ICH BIN Verlag).

verband so – wie kein anderer Forscher – Wissenschaft und Spiritualität. Mit seinen geheimnisvollen Wasserbildern bewies der 58jährige Arzt und Visionär aus Tokio nichts Geringeres als die bewegende Umstrukturierung des Wassers aufgrund bestimmter Einflüsse. In tausendfachen Versuchen fand er heraus, dass Wasser nicht nur positive und negative Informationen, Musik oder Worte, sondern auch Gefühle und Bewusstsein speichert.

Was liegt nun näher, als uns die bahnbrechenden Erkenntnisse dieser Forscher zunutze zu machen? Dazu müssen wir nicht auf die (Schul-) Wissenschaft warten. In dieser Zeit sind die Energien so signifikant gestiegen, dass es ein Leichtes ist, unser Trinkwasser mit Informationen oder heilbringenden Symbolen (Blume des Lebens zum Beispiel) zu versehen. Das kann jeder Mensch, vorausgesetzt er aktiviert sein Herzfeld. Ohne die Herzenskraft ist alles Kopfarbeit und den Prozessen, denen sich jeder unterziehen sollte, nicht weiter dienlich.

Osmosewasser oder andere Filterwässer

Je leerer ein Wasser ist, umso mehr Altlasten kann es aus dem Körper aufnehmen und ausleiten. Nun gibt es so viele unterschiedliche Wässer, wie es Gewässer auf der Erde gibt. Jedes Wasser ist geprägt von seiner Umwelt, den Sedimenten und einströmenden Energien und Informationen (Natur, Umwelt), durch die es fließt.

Umkehrosmoseanlagen, die mit einer fünf- und mehrfachen Filterung die gefährlichsten Bestandteile aus dem Wasser ziehen, erbringen hier einen guten Dienst für die Tiefenreinigung. Dabei wird es mit Druck durch eine mehrschichtige, feinporige

Membrane gepresst, durch die nur Wassermoleküle hindurchgelangen. Weil die Poren sehr fein sind, können so alle anderen schädlichen Stoffe zu 99 Prozent herausgefiltert werden. Osmosewasser ist jedoch kein destilliertes Wasser, obwohl beide Wässer einen sehr hohen Reinheitsgrad aufweisen. Medikamentenrückstände, Hormone (Pille), Pestizide, Herbizide (Unkrautvernichter und Spritzgifte) und andere schädliche Stoffe werden vollends ausgefiltert und zurück bleibt so ein leichtes, weil „leeres" Wasser. Den Unterschied schmeckt man sehr deutlich, denn es ist meist frischer, reiner und mundet etwas süßlicher.

Einige der angebotenen Geräte werten das kühle Nass noch durch eine Energetisierung auf. Wenn wir ein solches Wasser täglich trinken, sind wir bereits etwas gesünder, können unsere Körpersäfte anhaltend klären und erneuern, wie auch besser entschlacken und entgiften. Unsere Energien bleiben auf einem hohen Niveau, da wir gesundes Trinken leicht in unser Leben integrieren können. Warum? Unser Körper besteht zu etwa 80 Prozent aus Wasser!

Wieso sollte es dann egal sein, welches Wasser wir trinken? In den Klärwerken der Wasseranbieter werden längst nicht alle gesundheitsschädlichen und bedenklichen Stoffe analysiert, sondern nur die bekanntesten und wichtigsten (obwohl das auch relativ ist). Alle, die nicht auf dem Protokoll stehen, fallen durch das Raster und verunreinigen unseren Körper schleichend. (Wir besitzen seit etwa zehn Jahren eine gute Filteranlage, und ich kann dieses auch geschmacklich hervorragende Wasser für alchemistische Essenzen und Tropfen verwenden.)

(Empfehlung siehe Anhang)

Unbelastete Quellen sind natürlich heilsam!

Lebendiges Wasser ist ein wundervolles Wesen und kann uns sein freies Fließen übertragen. Die Informationen dringen in unsere Körpersäfte und setzen diese Energie im physischen Leib frei. Je natürlicher, quirliger und ungezwungener das Wasser plätscherte, als wir es auffingen, umso umfassender kann es uns die Prägungen der Landschaft und der Erde übertragen.

Osmosegefiltertes Wasser
*   speichert Informationen viel länger (da höher strukturiert).
*   nimmt mehr Energie auf (hat einen höheren Ordnungsgrad).
*   kann eine größere Menge an Informationen tragen.
*   kann besser Informationen abgeben, da keine weiteren Verunreinigungen die Informationen verwischen oder überlagern.

Wer sich dafür entscheidet, sein Wasser mehrfach zu filtern (und dabei reicht wirklich nicht nur ein Aktivkohlefilter), ist erst einmal auf der sicheren Seite. Gerade wenn wir an Informationen denken, die sich sehr schnell über das Wasser verbreiten können (unbekannte Bakterien oder Keime), oder auch wissentlich eingebrachte chemische Informationen (durch Beauftragte einflussreicher Machthaber... oder woher sie auch immer stammen mögen).

Gerade in Zeiten des verschärften Chaos weltweit liegen solche Möglichkeiten sehr nahe (und ich würde es hier nicht erwähnen, wenn ich nicht einige Informationen darüber bereits erhalten hätte, ohne Verschwörungstheorien nähren zu wollen).

Weitere Möglichkeiten sind zum Beispiel, dem Wasser Zahlenkodierungen oder gewisse energetische Symbole aufzuprägen. Das Wasser wird sich alles merken. Auch mit Frequenzen können wir spielen, mit Radionik, Tönen, Licht, Sonne, Quellinformationen, Farben usw.

Doch eins ist klar: Niemand kann dem Wasser mehr aufprägen, als sein eigenes Bewusstsein hergibt, was selbstverständlich nicht von der jeweiligen Intelligenz abhängig ist.

Lasst ihr eure kleinen Knirpse in das Wasser sprechen: „Ich liebe dich, Mama ", so erhaltet ihr vielleicht eine hochkarätigere Medizin als von einem spirituellen Meister.

♥♥♥

Mudras, Mantren, Körper-Runen, Zahlenkodes

Der menschliche Körper ist das spirituellste System der Natur. Wenn wir sein Mysterium ergründen wollen, bemerken wir sehr schnell, dass dies weit über die Anatomie und Physiologie hinausgeht. Der menschliche Leib ist eine lebendige Bibliothek, und wir tun gut daran, wenn wir dieses innere Wissen zeitlebens erforschen, anstatt uns in Missachtung seines Wesens die Organe entfernen zu lassen, weil sie nach schulmedizinischer Auffassung sowieso nicht so wichtig sind. (Da wären zu nennen: Milz, Blinddarm, Schilddrüse, Thymusdrüse, Weisheitszähne, Gebärmutter usw.)

Die alten Rishis (Weise, Älteste, Yogis) besaßen bereits großes Wissen um die Heilung des menschlichen Körpers. Unter anderem sind die aus dieser Zeit stammenden Sanskrit-Mantren eine Möglichkeit, das System wieder in seine Kraft zu bringen. Sanskrit – die heiligste und reinste aller Sprachen in Versform (Mantren) kann tatsächlich wahre Heilungen auslösen, wofür es über Jahrhunderte Beweise und Aufzeichnungen gibt. Das uns bekannteste Ur-Mantra ist OM oder auch AUM. Hörbar stimmlich intoniert oder still innerlich gesungen, bringt es sofort den gesamten Körper mit seinen Energien in Balance.

Kleine Übung für den Ausgleich der Chakren
Singe in jedes Chakra dreimal OM, danach mehrmals tief ein- und ausatmen. Beginne bei der Wurzel, über das Sakralchakra, den Solarplexus, das Herzchakra, das Halschakra, das Dritte Auge bis zum Kronenchakra.

Dann singe noch einmal ein dreifaches AUM für alle Chakren zusammen. Spüre, wie du dich zentrierst. Fühlt sich doch gut an, oder?

Einem Yogi ist zum Beispiel erst dann die Erlaubnis gewährt, in die höheren Stufen des Yoga einzutreten, wenn er fünf der wichtigsten Chakren gemeistert hat. Wird zum Beispiel LAM als Mantra ständig wiederholt, kann das Element Erde auf eine spezielle Weise entwickelt werden, und die wunderbaren Eigenschaften der Erde werden vollständig aufgeladen.

Der Wissenschaft der Mudras (Handyoga) zufolge wird dem Daumen das Element Feuer zugeordnet, dem Zeigefinger die Luft, dem Mittelfinger der Äther (Himmel), dem Ringfinger die Erde und dem kleinen Finger das Wasser.

In der geistigen Wissenschaft der Neuen Zeit (Kristallmensch) stellt darüber hinaus der Daumen das ICH dar, der Zeigefinger das DU, der Mittelfinger das ER, der Ringfinger das SIE und der kleine Finger das ES.

Die Hand, ein Symbol der Kraft, gilt in vielen spirituellen Lehren als wichtigster Teil des menschlichen Körpers. Sie verfügt in Form der fünf Finger somit über die fünf Elemente der Schöpfung. Große Meister der Handlesekunst haben herausgefunden, dass in den Teilen der Hand die verschiedenen Planeten repräsentiert sind.

Zeigefinger – Jupiter, **Mittelfinger** – Saturn, **Ringfinger** – Sonne, **kleiner Finger** – Merkur, **Daumen** – Mars.

Finger und Hände sind allein aufgrund der Tatsache, dass sich innerhalb unserer Handflächen Nervenbahnen wie eine magnetische Spule bündeln, hervorragende Verstärker von Energien. So ist jeder Mensch in der Lage, heilsame Energien zu verströmen. Auch aus wissenschaftlicher Sicht können die sensiblen elektrischen Wellen, die über die Hände ausgestrahlt werden, Menschen heilend beeinflussen.

Die Rishis erforschten diese Energien und Mudras sowie die Feinheiten des menschlichen Körpers. Dies hat dazu geführt, dass viele Tausende Mudras mit außergewöhnlichen Wirkungen erschaffen wurden. Sie haben noch heute eine zentrale Bedeutung in gewissen Yogaschulen.

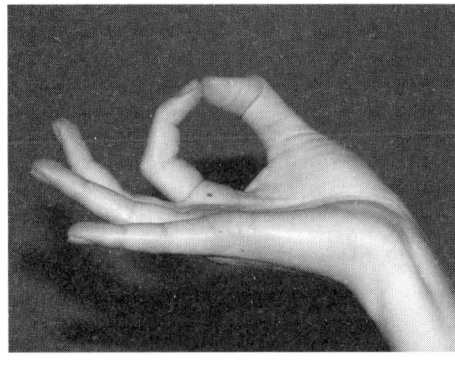

Die Gyan Mudra wird beidseitig, in Meditation oder auch beim Yoga (auf Knien) gebildet.

Die sogenannte „Vairagya" Mudra ist die zweite Stufe der Gyan Mudra. Viele Yogis wenden sie auch hier in Mitteleuropa in ihrer alltäglichen Asana-Praxis an. Diese Mudra beinhaltet, dass wir die Bedeutung von Enthaltsamkeit oder Askese nur dann verstehen, wenn wir Wissen erworben haben. Sie bringt den inneren Körperbau und die Sinnesnervenzellen im Gehirn auf besondere Weise in Schwingung. So können wir nicht nur das erworbene Wissen bewahren, sondern es auf eine spezielle Art integrieren.

Ein anderes Beispiel ist die Dhyan Mudra

Durch regelmäßiges Praktizieren – öfter eine halbe Stunde lang – kann ein hohes Maß an Konzentration, eine höhere Stufe des inneren Sehens erreicht werden. Außerdem ist die Mudra ausgleichend für das gesamte Nervensystem. Im Geist wird das OM rezitiert. Schlechte Träume, Gedächtnisverlust, Schlaflosigkeit, Vergesslichkeit, Reizbarkeit, Frust, Depression und

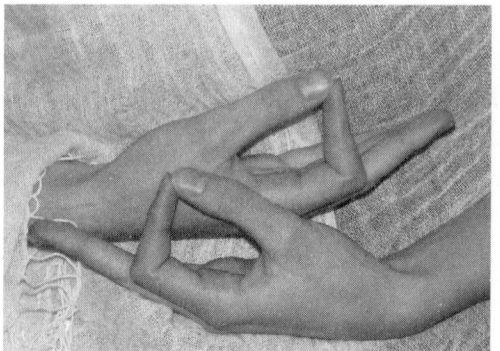

viele andere Leiden des Geistes können so ohne andere Hilfsmittel positiv beeinflusst werden.

Im gekreuzten Yogasitz liegen die Hände übereinander, und es berühren sich nur die Spitzen von Daumen und Zeigefinger.

Noch eine Finger-Yoga-Übung: die Pran Mudra

Sie wird gebildet, indem die Spitzen von Ring-, kleinem Finger und Daumen aneinandergelegt werden.

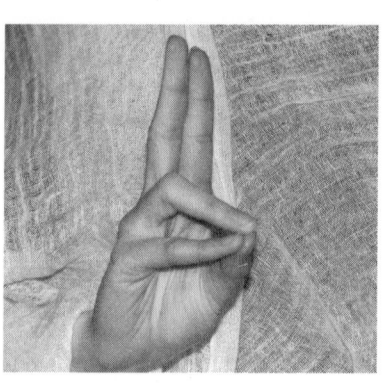

Die Pran Mudra dient dazu, den Körper wieder mit Kraft und Energie (Prana) zu versorgen. Regelmäßig praktiziert, unterstützt sie die Genesung, gleicht Vitamin- und Enzymmangel im Körper aus und verbessert so die Leistungsfähigkeit. Sie hilft auch bei Sehschwächen und wirkt verstärkend auf alle anderen Mudras.

Die großen Seher und Heiligen der Welt erkannten mit Hilfe kraftvoller Visionen, dass alle Menschen durch ihren gesamten Körper, insbesondere durch die Hände, eine besondere Form elektrischer Wellen ausstrahlen. Mittels Konzentration des Geistes gewinnt dieser elektrische Strom an Schwung (Schwingung, Vibration) und fließt schnell, auf kraftvolle und wirkungsvolle Weise. In derselben Art kann der Praktizierende, während er sich im Zustand der geistigen Erhöhung durch Konzentration befindet, die Gesundheit durch Berührung oder Energiearbeit im Aurafeld unmittelbar wiederherstellen. Dieser Magnetismus fließt in einer schwachen oder starken Form aus jedem Menschen.

Durch das Anwenden bestimmter Fingertechniken – Mudras – umgeben wir uns mit einer Aura aus himmlischen (kosmischen) und elektrischen Wellen, die uns umströmen und jederzeit allen Chakren für die Energetisierung des Körpers zur Verfügung stehen.

Rishis, Yogis und Weise praktizierten diese Techniken über Jahrhunderte hinweg und konnten sich dadurch in höhere Ebenen ausdehnen.

Eine interessante Mudra schenkte uns auch ein Yogi jüngst während einer Gong-Meditation. „Sie dient dazu, das Ego unter Kontrolle zu halten", teilte er mit.

Da wir in dieser Zeit jedoch mehr und mehr die Kontrolle

(Verstand) loslassen wollen und müssen, kann Transformation nur dann stattfinden, wenn wir uns dafür entscheiden, das Ego zu integrieren.

Diese Mudra unterstützt uns dabei, weil der Daumen = ICH von allen anderen Fingern – also von DU, ER, SIE und ES – „umarmt" wird.

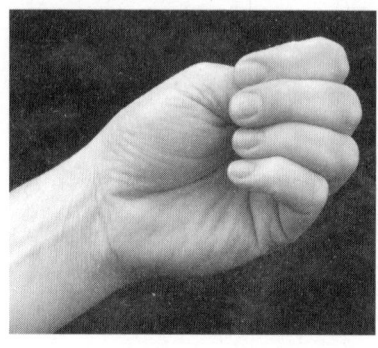

Nun gibt es sehr viele Bücher darüber, welche Techniken wie angewandt werden können. Jeder, der sich intensiv damit beschäftigen möchte, kann darin studieren.

Wie wir wissen, ist ein Großteil der Menschheit seit Zeiten der Inquisition mit spirituellem Wissen total unterversorgt. Erst jetzt, wo die dichten Schleier fallen, die die Menschheit an ihrer umfassenden geistigen Entwicklung gehindert haben, finden wir wieder Zugang zu den Schätzen dieser Weisen.

♥♥♥

Dein Herzenssegen

Wir haben gemeinsam in einer deutschlandweiten Gruppen-meditation im Frühsommer 2010 einen Segensraum (Quanten-hologramm) erschaffen, den wir jederzeit im Jetzt betreten kön-nen.

Jeder von uns spirituellen Seelen hat in all den Jahren so viel Liebe, Herzblut und seine ganze Hingabe in die spirituelle Arbeit fließen lassen, und wir dürfen nun endlich mehr und mehr ernten, was wir säten.

GOTT sei DANK!

Tun wir doch nun etwas für uns selbst. Denn wir können – wie ich meine – den Segen von anderen Brüdern und Schwe-stern genauso gut gebrauchen, oder?

In meinen heimischen Gruppenmeditationen, Heilkreisen oder Seminaren ist es mittlerweile ein schöner Brauch gewor-den, auch Angehörige (die gerne möchten) mit Schwingungen zu beschenken. Selbstverständlich kommen alle diese Energien immer an, manchmal auch etwas heftig, sodass die Bedachten leicht schlaflos dabei waren, manchmal gar durchschlagende Veränderungen erlebten.

Denn all die ausgesandten Energien wirken wie hochwer-tige Heilbehandlungen – das wissen die meisten längst, und alle anderen dürfen es sich erlauben, hineinzufühlen.

Der „Raum des irdischen Segens"

Wir können uns also jederzeit und an jedem Ort in bestimmte Räume begeben. Wir tun es beim Heilen, beim Channeln oder während unserer Behandlungen immer wieder.

Somit ist es nichts Neues oder Unbekanntes, wir alle sind sehr versiert darin, diese Energieräume auch über einen längeren Zeitraum aufrecht zu erhalten. Nun – im Quantum können wir in gemeinsamer Absicht diesen Raum erschaffen.

Saint Germain gab uns dazu eine Inspiration, die ich hier einfließen lassen möchte.

Ich grüße euch mit meinem violetten SEGEN, und ich finde die Idee großartig! Ja, meine Liebe, du hörst richtig...
(Andrea: Danke.)
Wir sehen es gerne, wenn ihr euch so verbindet und immer mehr ins Einssein kommt! Dabei ist es gleich, wie ihr diese Lichtverbindungen benennen wollt. Eure Bestrebungen sind uns stets herzlich willkommen und werden von dem Lichtgeschwader gehörig mit Energie versorgt.
Wie ich erkennen kann, habt ihr allesamt gute Ausdehnungen vollzogen und seid bereit, in die durchlichteten Ebenen hineinzureichen. Da wir wissen, wer hier ist (oder auch, wer das liest), können wir euch sagen, dass dieser Raum einige der kraftvollen Seelen vereint, die sich längst aus anderen Inkarnationen sehr gut kennen. Ihr werdet es spüren, ihr Lieben, ihr bekommt dann immer das Gefühl von „Ich bin glücklich". Solche Schwingungsräume könnt ihr immer wieder aufladen, sie unendlich erweitern, kopieren, herunterladen, weiterverschenken ... es ist ein SEGEN!

Ihr beginnt langsam zu begreifen, wie die Dinge wahrhaft funktionieren, und dabei darf ich euch sagen: Ihr steht erst am Anfang der großen Möglichkeiten. Ich habe ja mit Andrea schon einige Texte hinsichtlich der Quantenrealitäten verfasst (meint den 2. Band „Lichtkörpersymptome"), *die ziemlich „red-hot-chilli-pepper" sein dürften. Ich mag diese Wortkreationen, die ihr immer wieder einmal verwendet, und finde solche Bezeichnungen treffender und eloquenter.*

Also – ihr seht, wie schnell Energien sich auszudehnen beginnen, und ihr dürft all das integrieren. Wir sehen goldenen Zeiten entgegen, auch wenn die Wolken zwischenzeitlich tief hängen.

Lasst euch nicht entmutigen, MEISTER! Wir sind mit euch und JETZT HIER! Solche Lichtprojekte tragen Energien zueinander, und ihr könnt dabei alle profitieren. Keiner wird sozusagen mit leeren Händen oder leerem Herzen den Raum verlassen. Wisst, dass jeder von euch für jeden von euch etwas mitbringen wird.

(Schmunzeln... das ist mal wieder einer seiner Scherze, die es zu entschlüsseln gilt. Habe ich recht?)

Jep!

Ich meine jedoch, dass viele dieses Spiel noch nicht ganz gemeistert haben. Vielfach beobachten wir nun, dass es in den Gemeinschaften und Gruppen, aber auch in spirituellen oder anderweitigen Zusammenkünften, öfter kleinere oder größere Detonationen gibt.

Ja, nun schaut nicht so verdutzt. (Sagt ihr das so?)

Die Energien steigen exorbitant, und so gibt es Interferenzen der einzelnen Felder, die sich hin und wieder entladen müssen. Schichten laden sich quasi auf (stellt es euch vor wie die früheren Nylonstoffe beim Aneinanderreiben).

Nicht nur das.

Lange gewirkte, feste Knoten platzen nun auf – wir könnten auch sagen: explodieren, es brechen Emotionen hervor.

Lasst das so geschehen! Es ist Heilung.

Ihr werdet nun wieder GANZ, und die verlorenen Aspekte, die dadurch zu euch zurückfließen, fühlen sich nicht immer so gemütlich an. Nur – macht daraus kein Drama, auch wenn es euer liebstes Spiel ist, mit dem ihr euch hier auf diesem schönen Planeten zu beschäftigen wünschtet. Sagt euch die Meinung und geht bitte nicht mit Herzdrücken auseinander.

(A: Bedeutet: verschließt das Herz nicht wieder.)

Es darf auch mal heiß hergehen. Warum nicht?

Oder wähnt ihr euch spirituell zu erfahren, zu esoterisch bewandert, um eure wahren Emotionen zu zeigen???

So seid am Ende wieder GUT miteinander, denn ihr seid EINS.

Wir sagen euch, was wir sehen, um euch unsere Führung zuteil werden zu lassen, und wir unterstützen euch in allem Bestreben, in euer Herzuniversum zurückzufinden. Was ihr oft so tierisch ernst nehmt dabei, sind doch nur die Schatten, die euch immer mal wieder umnachten.

Es ist Illusion!

Was glaubt ihr denn, wohin euch das führt?

Was ihr tut ist, den Felsen den Berg hinaufzurollen!

Nun, ihr Lieben, fühlt hinein und nehmt jetzt an, was ihr dort empfindet.

Für diejenigen, die sich jetzt erst zugeschaltet haben: Hallo, hallo, hier spricht der „Oberkommandant" der dienstführenden Lichtflotte. Mein Name ist Saint Germain (und es ist zum Grausen, die meisten können ihn immer noch nicht richtig aussprechen.) Ich heiße S(o)a ...(verschluckt dabei das ‚n' einfach)

Scherrrm(ö)ä ... ein Zwischending zwischen ö und ä, mehr ä..
Es ist zum Kugeln, wie ihr nun alle übt – hahaha, hihihi...
(A: Ich quälte mich selbst jahrelang damit herum, und er liebt es bis heute, sich darüber lustig zu machen. Er führt mich damit immer ein bisschen an der Nase herum. Und du hast es wieder mal geschafft. Du weißt, was ich hier meine...
Hmm, kommt noch etwas Wesentliches hier?)
Nein, das war schon das Wesentlichste.
LACHEN, meine Liebe, ist in der TAT w-e-s-e-n-t-l-i-c-h, lass dir das gesagt sein!
Mit diesen Vibrationen könnt ihr die dunkelsten Energien heraufholen. Hast du heute schon einmal in den Spiegel geschaut?
(A: Wieso, habe ich eine schwarze Nase?)
Das gilt für euch alle. Schaut jetzt in den Spiegel. Was seht ihr?
Ihr seht euch – klar, aber das meine ich nicht. Was seht ihr noch? Leuchten eure Augen? Und was befindet sich zwischen euren Augenbrauen? Das Dritte Auge, OK, aber das meine ich auch nicht, doch es kommt dem schon näher. Ich meine diese Kerbe, diese Einbuchtung da... diese SORGENfalte(n)!
Dieses Zeichen ist definitiv keine Lachfalte, oder?
Was sagt euch das? OK. Ihr wisst nun Bescheid, oder?

Zum Segensraum...
(A: Endlich...)
Saint Germain, sehr belustigt:
Ich weiß, Geduld war noch nie deine Stärke!
(A: Nein, wirklich nicht.)
Doch du darfst das im Beisammensein mit mir jetzt üben.
(A: Oh Gott!)

Ja, der ist hier. Was darf ich ihm bestellen?
(A: Äh..., bestelle ihm doch herzliche Grüße.)
Saint Germain, wieder mir zugewandt:
Ich soll dir schöne herzliche Grüße bestellen...
(Sollte ein Witz werden.)
Du glaubst, ich stehle euch die Zeit?
(innigstes, liebevollstes, väterlichstes Lächeln...)
Nein, meine Liebe, ich schenke sie euch. In diesem Raum,
in dem ich mit euch bin. Was gibt es Schöneres, als euch so
nahe zu sein? Ich kenne nichts.
(A: Und jetzt habe ich Tränen in den Augen.)
Nun, lasst uns etwas TUN!

Der Segensraum ist ein Lichtraum erster Güte, wie ich be-
reits erwähnte, und wir gaben Andrea nicht umsonst die Hin-
weise und Bilder, weil durch diese Initiatoren (es gibt sie in gro-
ßer Zahl auf der Erde, und es werden immer mehr) Energien
‚gesammelt‘ und zu Knotenpunkten werden. So ist es für euch
viel einfacher, in gemeinsamer Absicht die Welle (eure verein-
ten Lichtfelder) aufzubauen und in die Ausdehnung zu bringen.

Viele Lichter werden sich im Segensraum nun zu der kraft-
vollen Woge vereinen, und es wird zu vibrierenden Erfahrungen
kommen, für diejenigen, die sich voll darauf einlassen können.
Es ist eine Quantenrealität. Natürlich werden wir mit unserem
Segen jede Seele begleiten und beglücken, die sich hier einfin-
den mag – immer jetzt.

Es kommt auf euch alle an. Wir sehen Seelen, die daran
wachsen, und jene, die anfangs etwas verwirrt zu sein scheinen.
Hier ist meine Meditation zur Erschaffung des Segensraums.

- *Kommt in euer Herz und atmet tief, lasst den Atemstrom fließen, durch die Mitte eures Körpers, hoch zur zentralen Sonne Alcyone (stellt es euch vor) und hinunter zum Kristallherzen der Erde.*
- *Fließt mit dem Atem frei und leicht, senkrecht hoch und tief. Atmet eine Weile vertikal.*
- *Verbindet nun beide Atemströme – den von unten und den von oben kommend – mit einem Zug im Herzen und atmet in tiefer Liebe zu Allem-was-ist eine silber-goldene Kugel immer größer. Herz – Rumpf – Körper.*
- *Haltet eure Aufmerksamkeit im Herzen und lasst mit dem weiteren Ausatmen einen silber-goldenen Lichtraum um und durch euch entstehen, der euch umhüllt und vollständig durchdringt.*
- *Verbindet euch im tiefen Gewahrsein und voller Achtung mit allen Seelen, die ebenso mit euch diesen Raum erzeugen werden.*
- *Wisst, viele von ihnen sind eure Brüder und Schwestern, eure Gefährten, Töchter, Söhne, Eltern und Verwandte aus anderen Inkarnationen.*
  Ihr werdet einige Gesichter wiedererkennen.
- *Sprecht nun zu euch selbst:*
  ICH BIN JETZT IM RAUM DES IRDISCHEN SEGENS
- *Seht, wie die einzelnen Lichtkugeln zu einem schwebenden kugelförmigen Hologramm außerhalb von Zeit und Raum verschmelzen.*
- *Genießt euer Wiedersehen, ihr Lieben.*
- *Ladet nun eure Geistführer und Engel in diesen Segensraum ein.*
- *Feiert diese Zusammenkunft eine Weile.*

- *Sendet allen Seelen euren SEGEN aus dem liebenden Lichtherzen des EINSSEINS.*
- *Ihr dürft jetzt um den SEGEN aller Wesen bitten und ihn empfangen, für eure spezielle Sache empfangen.*
- *Öffnet euch und haltet euer Thema im Gewahrsein.*
  Spürt ihr einen Schauer oder Gänsehaut, Vibrationen oder Hitze?
  Dann habt ihr bekommen, was ihr beabsichtigt habt.
- *Jetzt ist es an der Zeit, etwas zurückfließen zu lassen, denn alles will ausgewogen sein.*
- *SEGNET jetzt alle Seelen und ihre Wünsche, ihre Projekte, Wege, Stationen (oder Stagnationen) und ihre Ziele, kurz – alle ihre Themen, womit sie in diesen Raum getreten sind, aus vollstem Herzen.*
- *Jetzt greift nach der Hand, die euch gereicht wird – eure Schwester, euer Bruder (oder ein Engel) ist da.*

Seht, wie der Reigen entsteht, ein großer Kreis von lichtvollen Wesen wird immer größer, die Lichtkörper dehnen sich immer mehr aus, bis der Lichtreif unsere Mutter Erde umspannt. Lauscht ihrem Herzschlag und sprecht leise im Herzen:

Gedicht für Gaia

Gaia, geliebte Mutter Erde.
ICH BIN jetzt hier mit dir.
Bruder und Schwester sind ebenso hier,
und wir hüllen dich ein in unser
SEGENSLICHT.
Wir wiegen dich und halten dich
so, wie du uns, deinen Kindern,
hast alles gegeben,
während vieler verwirrender Erdenleben,
in Äonen der Zeit und der Dunkelheit.
Wir sind jetzt bereit!

Lasst es ausschwingen, haltet eure inneren Ohren und Augen geöffnet, denn ihr erhaltet Botschaften der Liebe. Ich SEGNE euch und versichere meine Anwesenheit gemeinsam mit den anderen Heerscharen.

Ich bin euer geliebter Meister Saint Germain und hebe euch in meinen violetten (Heiligen-)Schein!

(A: Ich danke dir, geliebter Meister!)

Und hier noch ein späterer Text mit aktuellen Einflechtungen.

„Login" in den Segensraum

Nachdem ihr einmal die Segensmeditation durchgeführt habt, könnt ihr zu jeder Zeit und von jedem Ort der Welt aus in diesen Raum gelangen, da er über das Herz erreichbar ist.

Ihr geht also in euer Herz (ich meine: sorgt dafür, dass ihr mit all der Aufmerksamkeit darin seid! Keine geteilte Energie, der Kopf sollte wirklich leer sein.)

Saint Germain: *Ist er ja auch ab und an – hihi!*

(Da kommt Saint Germain so locker hereingeschlendert.)

Dann stellt ihr euch einfach nur noch vor, dass ihr diese SILBER-GOLD-KUGEL – das Quantenhologramm – betretet, hinter euch geht alles zu, und dann seid ihr drin, seid vernetzt.

Dieses Hologramm könnt ihr zu euch projizieren, es verschenken, (wie ich finde – ein total abgefahrenes Geschenk und sehr speziell), es anderen zur Verfügung stellen usw. Der Raum seid ihr. Und ihr seid der Raum. All das geht NUR auf der erweiterten Herzebene.

Saint Germain:

Ühü, ühü.... und dann komme ich auf euch zu, lege euch einen violetten Umhang um, reiche euch die güldenen Pantöffelchen und setze euch ein Kränzlein auf den Kopf zum Segen.

Ja, Mister Saint Germain liebt doch Scherze über ALL-ES.

Saint Germain:

Danke für die Lücke im Text!

A: Hast du uns an dieser Stelle etwas mitzuteilen?

SG: An dieser Stelle (zu dem Thema vorher) vielleicht nicht, doch ich hätte da einige Anmerkungen.

Im Großen und Ganzen geht ihr ja ziemlich forsch voran, stelle ich fest. Bravo! Das gefällt uns gut, und ihr seid damit auf dem Weg in die Leichtigkeit. Langsam spürt ihr, dass es so viel einfacher ist, die manchmal tonnenschweren Energieumwälzungen zu handhaben.

Ach, zünde mir doch ein Licht an, ja?

A: Dein Wunsch ist mir Befehl!

Ah, wenn das so ist. Dann lass mich mal überlegen...

A: Nein, bitte nicht, komm, wir machen schnell hier weiter. Ich gähne, bin verspannt, und meine Ohren pfeifen – und er kringelt sich...

Hm, ich überlege immer noch...

A: Wir waren stehen geblieben bei – tonnenschweren usw.

Du glaubst gar nicht, wie mich das belustigt, wenn ihr (also nicht nur du) auf etwas Entscheidendes wartet. Es entsteht so ein seltsames Zusammenballen der Energie, wir sehen das wie eine Welle, die abgebremst wird, und dann wird diese Welle immer dichter, verfärbt sich und wird schwer. Wir spüren das hier wie eine Art Barriere..

A: Aha, danke für diesen goldenen Tipp aus deiner Trickkiste. Jetzt kann er gar nicht mehr anders, ich bin nämlich in eine völlige herzzentrierte Gelassenheit gegangen, hi, hi.

(Und genau jetzt brechen Ströme von Energie herein.)

Atmet an dieser Stelle einmal mit mir ein und aus...

Es ist so, dass wir die Dinge erörtern, die für eine bestimmte Gruppe von Wesen von Bedeutung sind. Wir sehen, wer hier ist, und wir überschauen das ganze Feld. Es müssen dazu nicht immer die inhaltschweren Durchsagen sein, wenn das zum Zeitpunkt nicht geplant ist. Selbstverständlich wissen wir, dass ihr alle darauf wartet.

(Da sehe ich wieder diese dichte Woge.)

Wir haben unsere Kanäle sehr gut verteilt und können so mittlerweile auf ein breites Spektrum der Übermittlungen blicken. Leute, das habt ihr alle geschafft! Schaut zurück und erkennt: Genau das war selbst vor drei Jahren noch nicht möglich! Ihr kommt alle mehr und mehr ins Hellhören, -sehen, -fühlen.

WIR GRATULIEREN EUCH!

Ihr seid fantastisch!

Wie ich schon angesprochen habe, geht es um weitere tonnenschwere...

(A: Ich sage nichts, bin ganz still.)

...tonnenschwere ... (A: ...och nö.)

Habt doch diesen Mut zum Humor. Dafür sind wir auch hier. Gibt es nicht genug Hiobsbotschaften, Verschwörungstheorien und Angstberichte? Wenn ihr diese lest und dann nicht in Leichtigkeit seid und mit eurer Herzintelligenz auswählt, dann sacken sie ganz schwer in eure Felder hinein... spürt da mal hin! Es ist nicht so leicht, sie wieder loszuwerden. Ich denke an viele Bilder und Botschaften, die in vergangenen Zeiten durchs Netz geschickt wurden.

Also – bei all den gigantischen Energieumwälzungen gibt es diesen goldenen Weg der Leichtigkeit. Ihr spürt mittlerweile sehr genau, dass viele Menschen sich durch Themen quälen, die ihr Lichtarbeiter schon längst hinter euch gelassen habt, nicht wahr? Vielleicht fragt ihr euch manchmal, wie sie es sich so schwer machen können, wo doch alles ganz klar ist. Ja – für euch – denn ihr seid da bereits durch. Erkennt ihr nun, wie die Verläufe dieser Prozesse sind? Es kommen also diese Wogen von Umwälzungen herein – manchmal an einem einzigen Tag. Die Börse kracht in den Keller, der Flugverkehr liegt wieder mal lahm, irgendwo „spuckt" ein Vulkan, die Autobahnen (ach herrje, hat das schon mal jemand gehört) sind von Straßenkrebs gezeichnet – überall Aufruhr und wildes Durcheinander, Banken lavieren sich ins Aus oder kämpfen um letzte Überlebenschancen, Katastrophen breiten sich weiter aus.

Es entsteht immer mehr Chaos – auch im Netz, Datenklau, Abstürze, Datenschwund, und so ist kein Verlass mehr auf die Computerwelt.

212

Demonstrationen ballen sich zusammen, hier wegen der Einsparungen, dort wegen der politischen Führung, hier für Anarchie, dort für Umweltschutz. Das Chaos ist perfekt. Das genau ist das verbackene Dunkel, das nur noch mit äußerster Kraft aufgebrochen werden kann.

Und ihr fragt mich jetzt: Wann wird es wieder aufhören? Gar nicht. Gar nicht. Es bleibt so. Vorerst. Es wird vielleicht noch stärker. Ich weiß, das ist leider keine gute Nachricht, doch die Energien werden noch mehr zum Kochen gebracht.

Die Welt wird definitiv erst dann die Luft anhalten, wenn die ersten Informationen über den wahren Grund der Entwicklungen an die Öffentlichkeit kommen! (oder wenn noch größere Erschütterungen folgen).

Spätestens dann gibt es gigantische Herzensvereinigungen, denn eure Seelen sind ja auf der höherbewussten Ebene längst EINS.

Ihr, Geliebte, habt in all den Jahren dafür gesorgt, dass es in die Matrix des Massenbewusstseins eingeflochten wurde. Also unterschätzt diese Absichten nicht, die ihr auf Gruppenebene, und hier öfter auch über das Internet verbreitet, setzt.

Ihr habt all das in der Hand. Je mehr ihr im Einheitsbewusstsein schwingt, desto abgeschwächter werden die Katastrophen. Je mehr ihr herzzentriert im Jetzt seid, desto stärker wird das Dunkel transformiert, auch wenn es vorübergehend für viele unter euch ein wahrer Kraft- und Überlebensakt ist. Wir sehen die wunderbaren Vernetzungen und möchten ausdrücklich diesen Netzarbeitern (ALLEN) unseren Dank aussprechen, auch für das Aufrechterhalten der Knotenpunkte.

Ihr seid enorm wichtig für den Fluss der Informationen, der Erweckungs- und Ermächtigungskodes, die so über ganz unterschiedliche Kanäle mit den Texten und Meditationen, mit den

213

Gedichten und Liedern, den Zeremonien oder Festivals herein-
kommen können!

Pause

Atmet einmal tief für alle diese Seelen.

(A: SG bittet mich an dieser Stelle, mich ganz weit und frei zu machen, um so eine große Menge an Energie hereinzuleiten. Angekommen?)

Und: Achtung, ihr Lieben, lasst euch nicht täuschen. Immer öfter kommen nun hochkarätige Schwingungen nicht mehr NUR mit den themenschweren Channelings herein, nein! Wie ich euch zu vermitteln versuche, kommen sie jetzt in großer Leichtigkeit: in Versform, in Liedern, in bunten Gedichten oder lyrischen Texten, in Comic-Geschichten oder als kosmische Witze. Doch auch in originellen bunten Formen, die die Neuen Kinder aus hohen Räumen mitgebracht haben. Ihr werdet erleben, dass ihr vielleicht in einem Laden steht und plötzlich einen Lachkrampf bekommt, weil ein T-Shirt einen kuriosen Text oder eine witzige Grafik zeigt. Andererseits fließen die Energien bereits verstärkt durch die Kreativen, und ihr nehmt auch im Fernsehen, im Theater oder auf Veranstaltungen mehr und mehr Formen, Figuren, Kostüme, Situationen und Dialoge auf, die euch die neuen quicklebendigen Schwingungen übertragen. Seht und fühlt hin, es passiert bereits.

Das ist vielleicht ein Unterschied zu früher. Da mussten wir euch interessieren, euch fesseln, damit ihr bei der Sache bliebt. Heute seid ihr alle so weit geöffnet und durchströmt, dass ihr, außer kompakten Informationen, lieber „leichte Kost" wie lockere Sprüche und witzige Dispute hereinkommen lassen wollt. Das ist die neue Leichtigkeit des Seins, die sich für EUCH gerade öffnet, ihr Lieben.

Ja!

(SG lacht herzlich und schüttelt sich.)

Ich liebe euch ALLE SEHR! So seid ihr nun einmal gestrickt. Es ist so goldig, ihr Lieben, wie ihr euch trotzdem manchmal an den kleinen Ecken festhängt (meint: innerhalb dieser Dialoge hier) *und euch hineinziehen lasst in eure Illusionen. Wir sind doch eins mit jedem von euch! Würdet ihr euch nur dazu entscheiden, könntet ihr alle mit uns eben diese Dialoge führen, und wir würden mit euch plauschen, weil wir das gerne tun. Es ist nicht jeder von euch dafür ausgelegt, die kosmischen Wissenschaften zu erläutern. Natürlich gibt es einige, die über diese speziell eingerichteten Phasen (?) verfügen.*

(A: Da geht es schon los. Mach es bitte leicht.)

SG: *Ja, tue ich.*

Zu mir: Du selbst hast dein Leben lang hochwissenschaftliche Zusammenhänge als schwere, eisenbeschlagene Truhe mit großem Vorhängeschloss gesehen, rostig, versteht sich, Schlüssel im Meer versunken, nicht?

(A: Ja, stimmt genau.)

So geht es übrigens vielen deiner Weggefährten. Doch ihr entscheidet selbst, dieses Bild und diese Gefühle zum gegebenen Zeitpunkt loszulassen.

(A: Jetzt! Er hilft uns dabei.) Vorher wird der Schatz gehoben. Den Schlüssel haltet ihr in eurer Hand: Könnt ihr ihn durch euer Herz sehen? Dann schließt auf. Quietscht ein bisschen, ist halt rostig, denn er lag lange am Boden des Sees des Unbewussten. Aber ich habe hier gleich eine bräunlich-goldene Quantenschmiere bekommen. Diese könnt ihr benutzen. Jetzt hebt diesen Schatz des Wissens ... es ist ein archetypisches Modul. Nehmt den Schatz an euch und integriert und aktiviert ihn an der Stelle, die sich für euch zeigt. Damit kommen weitere Potenziale des Wissens zu euch zurück. Ihr könnt nachsehen, was in der Kiste für euch ist. Mir ist jetzt noch ziemlich schwinde-lig, denn es war eine silbrig-weiße, irgendwie ätherische Schei-be, und dazu kam das Bild der Isis und wie sie diese zwischen den Hörnern trägt. All das ist wirklich abgefahren, und ich hoffe, jeder, der dieses liest, versteht den Tiefgang dieser Szene. Das war eine sehr intensive Quantenheilung!

(Ich danke dir von Herzen!)

SG lächelt und umfängt uns in seiner violetten Flamme. Genießt es!

Nun SG weiter:

Natürlich gibt es für die laufenden Prozesse und Zusam-menhänge kosmisch-wissenschaftliche Erläuterungen. Doch die meisten sind noch nicht bereit, so tief hineinzugehen in das abstrakte Wissen, das diese Zusammenhänge aus höherer Perspektive und sehr komplex darstellen kann. Ein Trugschluss ist außerdem, dass ihr es dann VERSTEHEN wollt. Ihr müsst es nicht. ATMET lediglich. Es reicht, wenn ihr unterrichtet seid. Die Energien tun ihr Übriges. Mehr und mehr transzendiert ihr dieses Wissen, und es wird sich in euch entsprechend eurer Ausrichtung sowie der Transzendenzfähigkeit eures Verstandes entfalten. Ihr könnt euer Ziel längst nicht mehr verfehlen. Und wisst ihr, was die wichtigste Kraft dabei ist, um auf diesem Kurs zu bleiben?

(A: Liebe?)

SG: Nein, nicht NUR. Es ist vor allen Dingen VERTRAUEN. Vertrauen zu euch selbst, ihr Lieben. Wenn ihr dieses nicht auf-bringen könnt, nützt euch die Liebe allein wenig. Es gibt nämlich viel mehr liebende Seelen unter euch als Seelen, die genügend Selbstvertrauen haben. Lasst uns den Aspekt des Selbstver-trauens noch ein wenig beleuchten. Was erzeugt denn Selbst-

vertrauen? Natürlich das Annehmen des eigenen Soseins. Und das ist der wichtigste Schritt zur Selbstliebe. Dahin solltet ihr alle kommen. Denn es ist Zeit, dass ihr die Energiematrix des Selbstvertrauens aktiviert. Auch für andere Wesen, die noch in der Vergessenheit ob ihrer Fähigkeiten schweben. Gemeint ist die Selbstliebe in Bezug auf den gesamten Aspekt von Körper-Geist-Seele. Sehr wohl gibt es jene, die mit ihrem Körper Frieden geschlossen haben, doch sie sind wiederum nicht im Vertrauen, ihren Weg endlich zu verändern, und halten steif und fest an den alten Dingen fest.

Oder jene, die wohl ihren Weg gut gefunden haben und ihn mit Konsequenz gehen, sind noch zögerlich, ihren geistigen Fähigkeiten nun auch zu vertrauen. Und wieder andere sind ganz klar im Geiste und haben doch mit ihrem Fühlen und Empfinden noch einige Themen offen.

Ihr seht, all das liegt auf verschiedenen Ebenen, und insofern ist es sehr komplex. Hier wird es nicht leichter. Doch es muss euch nicht aufhalten, denn die Dinge bewegen sich in die richtige Richtung, wenn ihr euch darauf ausrichtet.

Nur, ihr dürft nicht vergessen, den Startschuss zu geben.

Habt ihr klar vor Augen, welche Dinge sich verändern sollen? Dann seid bereit, das Ziel in aller Fokussiertheit anzusteuern. Und dann könnt ihr auch schon loslassen. Ihr müsst der rollenden Woge lediglich die Richtung weisen. Sie rollt von alleine. Habt nur Acht und Vertrauen zu euch selbst, dass ihr immer mit ihr in Verbindung bleibt.

Klar soweit?

Geht jetzt in euer erweitertes Herz und fragt euch: Was kann ich tun, um mich mit meinem Selbstvertrauen wieder zu verbinden? Nehmt zum Ziel, was nun auftaucht, und haltet es in eurem Herzen.

Atmet jetzt, und ich gebe euch an dieser Stelle einen kräfti-
gen Ruck, dass die Dinge in Bewegung kommen. Empfangt die
Woge meiner Flamme.

♥♥♥

Ich habe hier einen wunderbaren Frequenzteppich gespon-
nen – extra für euch, die ihr dieses lest. Und vertraut mir – diese
Energie kommt zu euch nicht nur über die Worte. Sie liegt eher
darüber oder darunter...
Hu, hu, ja wo ist sie denn? Weg? Wohin?
Halt, einer hat sie mir entrissen...
(A: SG scherzt wieder einmal. Hey, mein Lieber, komm auf
den Punkt, bitte!)
SG: Ja, der Punkt hat auch eine große Bedeutung. Es wird
irgendwann einmal einen Text geben über den PUNKT. Am An-
fang war ein Punkt oder so...
(A: Ha,ha.)
SG: Oder: Achtung, ich bin der Punkt!
OK, darüber können wir stundenlang referieren – wir hal-
ten, setzen, konzentrieren, durchbrechen, verankern, bringen
es, verlassen, fließen zusammen im, das Universum ist der ...
PUNKT in einem ... holografisch vernetzten usw.
(A: Och.)
SG: Später! (feixt)
Ich liebe euch, und lasst mich noch sagen, dass ich hier
meinen PUNKT mache.
Mein Segen ist mit euch im ewigen Punkt des Jetzt.
Ich bin Saint Germain – Punkt.
Danke dir, lieber, wundervoller, gesprächiger und witziger
Meister.

Kristall(T)Räume

In den Jahren meiner eigenen Wandlungen wurden mir immer wieder Kristallhelfer zur Seite gestellt, durch die ich meine Entwicklung forcieren und unterstützen konnte. Ich erinnere mich noch sehr genau, wie ich meine ersten Bergkristallkugeln entdeckte. Damals hatte ich tatsächlich die Vorstellung, dass ich mich nur eine Weile richtig auf die Kristalle konzentrieren müsste, und schon würden sie mich in andere Welten tragen, aus denen ich dann zukünftige Ereignisse voraussehen könnte.

Es waren darunter einige qualitativ sehr hochwertige Exemplare, und als ich eine meiner „kreativen alchemistischen Ideen" verwirklichte, verkaufte ich sie alle. Zu dumm, wie ich später feststellen musste, da ich diese einmalige Qualität nie wiederfinden konnte. Die Quarze haben insgesamt innerhalb der letzten zehn Jahre teilweise bis zu 500 Prozent Wertzuwachs bekommen, weil die Nachfrage enorm gestiegen ist. Die Kristallhändler verkaufen nun die dritt- und viertletzten Qualitäten zum dreifachen Preis der früheren AA-Qualitäten. Reine Superqualitäten sind ausgesprochen selten zu bekommen, und wenn, sind sie extrem kostenintensiv.

Doch in Wahrheit brauchen wir auch diese Helfer und Freunde nicht wirklich, denn wir können uns ganz leicht mit der Matrix der Quarze verbinden. Aber ich muss ehrlich gestehen, ich liebe sie sehr, und sie sind mittlerweile wie meine Kinder. Jeder – auch der Kleinste – hat seinen eigenen Charakter, seine eigene Ausstrahlung. Von den Kristallschädeln ganz zu schweigen. Sie sind nämlich verbunden mit der irdischen Akasha sowie mit dem Reich der Quarze und weiter mit jedem

Kristallschädel auf dieser Erde (also auch mit den alten Maya-Schädeln). Es kommt allein auf unser Bewusstsein an, wie wir mit ihnen kommunizieren (schwingen) und sie dann schließlich die Bahn freilegen können für einen gigantischen Informationsfluss. Jetzt gerade steht immer mindestens einer bei mir. Er (Herodes) stabilisiert einfach meinen Energiefluss, und ich danke ihm herzlich.

Zum damaligen Zeitpunkt wusste ich jedenfalls von all dem nichts und stand noch am Anfang meiner geistigen Ergüsse. Ich nahm mir immer sehr viel Zeit, um die Kristalle und ihr Wesen zu erkunden und betrachtete durch sie das Sonnenlicht, meditierte und forschte mit ihnen. Bereits in der ersten Nacht erfuhr ich solch einen initiierenden Traum, dass ich lange Zeit brauchte, um die Erfahrungen zu verarbeiten. Ich hatte einen besonders schönen klaren Kristall mit ins Bett genommen und ihn neben meinem Kopf platziert, mit der Absicht, mit ihm im Schlaf in Kontakt zu treten. An schrille und skurrile Träume war ich bereits gewöhnt, also ließ ich mich ganz fallen.

Im Traum eröffnete mir dann der Kristall seine Welt. Er lud mich ein, seinem Wesen zu begegnen und zu seinem Urlicht zu reisen, das definitiv nicht aus dieser Realität war. Wortlos führte er mich durch endlose Weiten seines Seins, in denen ich mich schnell verlieren konnte. Ich folgte träumend seiner Führung und war erstaunt über die Größe und Unendlichkeit seiner Sphären. Bereits damals wurde ich auf höherer Ebene darin unterrichtet, Kristalle für bestimmte Zwecke zu informieren und zu programmieren. Allerdings stand mir dieses Wissen zu diesem Zeitpunkt nicht zur Verfügung, dieses öffnete sich erst in der kreativen Beschäftigung mit den verschiedenen Edelsteinen.

Im Traum sollte ich noch mit einer wesentlichen Sache vertraut werden: mit der inneren Beschaffenheit der Kristalle und ihrer Wirkung auf den Menschen.

Das Kristallwesen führte mich in einen gigantischen Kristallraum und lud mich ein, mit dem Kristallinen zu verschmelzen. Ich tat, wie mir geheißen, ohne darüber nachzudenken, was passieren würde. Dazu war ich viel zu neugierig auf solche spirituellen Abenteuer. Doch was dann geschah, sollte mein ganzes Wesen herausfordern. Ich begab mich in die Strukturen der kristallinen Ebenen. Es ist schwer zu beschreiben, wie ich das erlebte und fühlte. Ich war in diesem gigantischen Kristallraum, der in einer völlig anderen Dimension existierte, und sah alle Facetten - die Brechungen des Lichts, Spuren von eingelagerten Metallen, so groß wie Felsen, und erkannte seltsame Einschlüsse von einst lebenden Pflanzen und Tieren. Und es verschoben sich die Dimensionen des Raums. Einmal war ich klitzeklein, ein andermal riesengroß. Als ich mich durch diese Strukturen bewegte, schien es mir, als würde ich sie sehr gut kennen, und ich wurde mehr und mehr hineingezogen in diese kristalline Welt. Das Wesen nahm mich in sich auf und gab mir zu verstehen, dass ich jetzt erfahren würde, wie sich die elementaren Energien anfühlten und welche Kräfte sie entfalten können. Ich ließ mich natürlich nichtsahnend darauf ein und bemerkte erst sehr viel später, dass ich meiner Lebendigkeit völlig beraubt war. Die Zeit war stehen geblieben, und ich erfuhr einen einzigen Moment als eine Ewigkeit.

Ich war zu Kristall geworden, hatte die Struktur vollkommen übernommen. Ich erlebte die Klarheit und Transparenz, die einzelnen Ebenen, die sich wohl irgendwie überlagerten, sah das

Licht, wie es sich wieder und wieder brach und zu immer neuen Farben erleuchtete, erfuhr die Vernetzung dieser Strukturen und dass sie wie Antennen in ihre artverwandten Ebenen hineinreichten, ihre Kräfte sich dadurch verstärkten und immer neue Energien freisetzten.

So sehr ich bestrebt war, wieder heraus zu wollen, so sehr bannte mich der Kristall. Von diesem Moment an wusste ich, dass die Versteinerungen, die wir scheinbar nur aus den Märchen kennen, bittere Wahrheit sind. Ich fühlte mich wie eingefroren, fest, konnte keinen Millimeter Bewegung erzeugen. Alles, was ich in diesem Sein scheinbar noch tun konnte, war zu denken. Dies auch noch zu fühlen, war das schlimmste Erlebnis. Wenn alles plötzlich fest ist, – und ich hatte bereits die gelebte Erfahrung von Bewegung – was konnte es Schlimmeres geben?

Ich hing so in diesen Strukturen und sann darüber nach, dass dies wohl die übelste aller Verwünschungen und Verzauberungen sein musste, wenn lebendigen Wesen ihre Bewegung genommen wurde.

Mit einem Mal fühlte ich sehr stark, dass ich diese Erfahrung durchlebte, weil ich in anderen Inkarnationen selbst solche Versteinerungen vorgenommen hatte und selbst versteinert war.(?) Es war einfach mystisch, gespenstisch und grauenvoll. Mir war zutiefst bewusst, mit einer Matrix verbunden zu sein, die mich in diesem Moment beherrschte.

(Ich erfuhr erst Jahre später, dass Saint Germain ebenfalls einmal tausend (?) Jahre in einem Kristall gefangen war, zu diesem Zeitpunkt hatte ich jedoch keine Ahnung davon.)

In besagtem Traum musste ich jedoch noch anderes Wissen erhalten haben, denn ich wusste, dass Kristalle aus dem Urmeer erschaffen wurden und bis in jede kleinste Facette dieses Wissen in sich tragen. Mir war klar, wie wir sie zur Lenkung von Energie und zur Heilung einsetzen können. Sie sind hervorragende Speicher für Informationen und interagieren auf ihre Weise mit der menschlichen Energie, um ihre ordnenden Schwingungen in unsere Sphäre zu übertragen, diese zu klären und in eine höhere Strukturiertheit zu bringen. Ich bekam Wissen darüber, wie ich die Kristalle zu informieren hatte, und detaillierte Kenntnisse, auf welche Art und Weise ich heilungsfördernde homöopathische Informationen einprägen konnte. Viele weitere Details öffneten sich mir erst viel später.

Als ich, GOTT sei Dank, aus dem Alptraum erwachte, war ich hoch erfreut, mich doch wieder bewegen zu können. Das Traumgeschehen prägte sich mir so ein, dass mich noch lange danach Gefühle des Eingefrorenseins verfolgten.

Ich setzte mein hinzugewonnenes Wissen sofort in die Tat um und begann Homöopathie-Kristalle anzufertigen (vor rund zehn Jahren). Denn alles lag klar auf der Hand: Jede Pflanze ist genauso Information, die der Kristall mit einem bestimmten Verfahren leicht speichern kann. Diese Kristalle tragen die Informationen einer Vielzahl homöopathischer Mittel (das sind Tausende) und ihrer Potenzierungen, die zurzeit in Mitteleuropa zum Einsatz kommen. Nehmen wir an, es kommt eine Zeit, in der wir keinen Strom mehr haben, die Versorgung nicht mehr gewährleistet wird oder wir an einem Ort sind, an dem es keine Apotheken gibt – dann, und auch sonst, leisten diese Speicher wertvolle Dienste.

Das Verfahren ist hoch spirituell. Viele von euch wissen, dass jedes homöopathische Mittel ab einer bestimmten Potenzierung (D 23) reine Information ist.

Ich wunderte mich, dass nur die Wenigsten wirklich die Potenziale erkannten, die ich da erfahren hatte.

So verwendete ich meine wunderbaren Erfindungen für mich selbst und einige wenige Seelen, die im Vertrauen zu mir und meiner Schaffenskraft waren. Vielleicht befinden sich die meisten der Heilkristalle in einem Glasschrank oder auf dem Nachttischchen, und ihr Potenzial bleibt so weitestgehend ungenutzt. Es fehlt einfach das Bewusstsein, auf kreative Art mit diesen tollen Werkzeugen umzugehen.

Allein mit Wasser und jenen Kristallen lassen sich schon wertvolle Heilmittel für die Selbstbehandlung herstellen.

Arbeit mit den Kristallauflagen

Wir können die klaren Quarze auf verschiedene Arten zur Unterstützung unserer Kraft und Selbstheilung sowie zur Korrektur unserer Chakren und Energien einsetzen. Da es eine Menge guter Kristallbücher gibt (siehe Anhang), will ich dieses Thema hier nicht ausweiten, sondern nur einige einfache, aber wirksame Techniken für den Eigengebrauch beschreiben.

Eine einfache Chakraauflage mache ich zum Beispiel in der Ruhephase nach jeder Massage oder innerhalb der Behandlung beim energetischen Facelifting.

Wir benötigen dafür sieben Kristalle in den Chakrafarben (energetisierte gibt es bei www.lichtkristallportal.de). Im Idealfall nutzt die empfohlenen Kristalle für die einzelnen Chakren.

Nach dem Auflegen kämme ich kurz die Aura nach unten aus. Ich habe bei meinen Klienten ausgesprochen gute Erfahrungen mit diesen Chakraauflagen gemacht und bei wirklich nur zehn Minuten Auflagedauer ordnen sich die Energien bereits wie in einer guten Heilbehandlung. Viele schlafen dabei ein oder „dösen" ein wenig vor sich hin. Dabei erholen sie sich, werden ruhig und zentriert und sind anschließend wunderbar entspannt und energetisch aufgebaut. Wir Therapeuten haben dann eine kleine Pause, die von großer Bedeutung für unsere eigenen Energien ist.

Wir können anschließend die Energien der Klienten messen (Pendel, Kinesiologie) und werden bemerken, dass sie sich signifikant erhöht haben. Vorher kann zum Beispiel ein Durchtesten der Chakren eventuelle Blockaden anzeigen (schwacher Arm). Ein erneuter Test am Ende der Behandlung zeigt sehr wahrscheinlich schon eine Stärkung an. Wesentlich hierbei ist, dass die Kristalle nach jeder Auflage komplett mit lauwarmem Wasser gereinigt werden, bis sie sich wieder sauber anfühlen.

Dabei spreche ich mit ihnen lautlos.

„Liebe Kristalle, lasst jetzt alle alten Energien los und reinigt euch tiefgründig durch und durch.
Seid jetzt wieder in eurer höchsten göttlichen Ordnung.
Danke für eure Hilfe."

Damit sind sie fit und frisch für die nächste Auflage. Wenn ihr dies einmal vergesst, kann es nämlich sein, dass sie kraftlos sind, weil sie zu viele alte Informationen aus dem letzten eingeschwungenen Feld in sich tragen.

Kristallpendel

Eine andere Methode ist der Chakrenausgleich mit dem Kristallpendel. Dabei führen wir einen größeren Kristallpendel (vorher gereinigt) über das jeweilige Chakra und lassen ihn so lange schwingen, bis er sich gleichmäßig und rund über dem Energiewirbel bewegt oder völlig zum Stillstand kommt. Beides kann die Chakren ins Gleichgewicht bringen.

Einfache Schmerzlinderung

Mit der linken Hand legen wir einen Kristall (größere Kugel, Trommelstein) auf die schmerzende Stelle und halten ihn fest. Da die linke Hand die aufnehmende ist, strömt die Energie dieses Areals in den Kristall. Dieser wird gereinigt und dann mit der rechten, gebenden Hand auf die Stelle gelegt. Dabei bekommt diese Energie zugeführt und kann heilen. (Intention: Heilung geschieht, im Herz bleiben.)

Noch effektiver ist diese Methode mit einer größeren Kristallspitze. Dabei wird das stumpfe (aufnehmende) Ende zuerst über den Schmerz geführt und dann die Spitze (gereinigt), um neue Energie zu übertragen. Gerade bei Kopfschmerzen mit Druckgefühl können diese Kristalle eine große Hilfe sein. Bei Kopfschmerzen mit Leere hält man sie natürlich anders herum und versorgt das Areal erst später (und kürzer) mit frischer Energie.

Kristalle sind wundervolle Werkzeuge, die Energieflüsse verstärken, lenken und korrigieren. Wir können sie in vielschichtiger Weise nutzen. Der Kreativität sind dabei keine Grenzen gesetzt, wodurch wunderbare Anwendungen entstehen können.

Klang, Farbe, Form –
Die Urkräfte des Universums

Alles, was uns ausmacht und woraus wir bestehen, sind Klang, Farbe und Form. Jedes Wesen auf diesem Planeten und einige andere Lebensformen im Universum bestehen aus diesen drei Komponenten. Wir können sie im erweiterten Bewusstsein einsetzen, um großartige Veränderungen zu ermöglichen. In der Farbheilung zum Beispiel haben wir ein Mittel an der Hand, wodurch allein mit Licht Energien sofort korrigiert werden können. Eine nachhaltige Wirkung auf den Organismus bleibt nicht aus.

Prof. Fritz Albert Popp gilt als der Entdecker der Biophotonen, die man auch als Lichtabstrahlungen von Lebewesen kennt. Nach seinen Forschungen ist die Gesundheit von Pflanzen, Tieren oder Menschen und die lebensfördernde Qualität von Nahrungsmitteln und anderen Einflüssen an jener Biophotonen-Abstrahlung zu erkennen. Er entwickelte spezielle Messgeräte, mit deren Hilfe positive, vitalisierende Einflüsse von negativen zu unterscheiden sind. Die Biophotonen-Forschung ist mittlerweile wissenschaftlich belegt und mehr international als national anerkannt.

Weiter können wir auch die **Lichtsprache der Curanderos**, eine Heilmethode mit Hilfe der Formen der Heiligen Geometrie und Farben, erwähnen. Diese mexikanischen Schamanen bezogen ihr Wissen aus der uralten Weisheit der Maya. „Licht ist frei fließendes Wissen", sagen die Curanderos, „das alle heiligen Prinzipien über das Leben enthält." Sie gehen davon aus, dass jeder Gedanke, jede Emotionen und Energie eine Form von Licht darstellt und dies auf der Grundlage der geometrischen Formen.

(Quelle: G. Bodmer: *Heilige Formen des Lichts*, Schirner Verlag)

Der Klangtherapie liegen uralte Kenntnisse über die Wirkung von Klängen zugrunde, die bereits vor etwa 5000 Jahren in der vedischen Heilkunst Anwendung fanden. Jedes Leben, jedes Wesen hat demnach seinen eigenen, spezifischen Urton, seine Melodie. So ist auch der Mensch ein lebendiges Ganzes aus Schwingungen, die seine Struktur und vor allem seine Energiesignatur ursächlich prägen.

Die Wirkung von Tönen auf Materie kennen wir aus dem Schlöndorff-Film „Die Blechtrommel", in dem ein kleiner Junge mit einem hohen Ton Gläser zum Zerspringen bringt.

Töne können sehr kraftvoll sein und gleichzeitig mehrere Ebenen durchdringen. Je zentrierter die reine Energie eines Tons ist, umso signifikanter ist seine Wirkung. Schwingen sie in einer Frequenz von Liebe und Harmonie, werden die Teilchen bis hinunter auf die physische Ebene neu strukturiert. Das geschieht zum Beispiel in einer Klangbehandlung.

Klangschalen, Gongs, Trommeln und Obertöne
Die obertonreichen Heilfrequenzen der Klangschalen beispielsweise (auch der Gongs oder Trommeln) wecken das Urvertrauen und bewirken einen Entspannungszustand, der einer tiefen Meditation gleichkommt. Bei dieser feinen und schmerzlosen Art der Massage übertragen sich die Schwingungen der Schalen und durchdringen den gesamten Körper.

So wirken nicht nur die Klänge, sondern vor allem auch die Vibrationen als Massage. Die Heilbehandlungen mit tibetischen Klangschalen, Stimmgabeln oder Gong-Klangbehandlungen sind dabei nur wenige der vielen Möglichkeiten.

Klänge wirken auf Bereiche, in denen Ungleichgewichte herrschen. So klingen manche im ersten Moment vielleicht schrill oder verzerrt. Hier spiegeln diese Disharmonien lediglich Blockaden wieder. Dies kann in einer Klangschalenbehandlung oder in der Therapie mit Tönen oder Obertönen auch als Druck und Schwere empfunden werden. Der Körper wird tiefer und tiefer in Schwingung versetzt, was wir teilweise wie ein Durchrieseln oder Durchströmen empfinden. Innerhalb der Tonübertragung beginnen die Energien wieder zu fließen, und die Blockaden lösen sich relativ rasch auf. Gerade Obertöne schwingen in andere Ebenen hinein und bewirken dadurch eine höhere Ordnung auf emotionaler, mentaler und spiritueller Ebene. Naturbedingten Gesetzen folgend, strebt alles zur Harmonie. Sind wir im Einklang mit uns selbst, fühlen wir uns zufrieden, glücklich und voller Freude und Lebenskraft.

Trommeln hingegen können uns durch ihren gleichförmigen Rhythmus in Trance oder auch in Ekstase versetzen. Ich bin immer wieder erstaunt, wie gerade Afrikaner diese Rhythmen meisterhaft beherrschen, so, als hätten sie in ihrem Leben nichts anderes getan. Nach kurzer Zeit durchdringen uns ihre Trommelfeuer. Wir beginnen uns auf einer vollkommen unbewussten Ebene zu bewegen. Es gibt weltweit zahlreiche Meister des Klangs, oder Obertoninterpreten, die in der Lage sind, hochschwingende Ordnung (Heilung) zu übertragen.

Schmerztransformation durch Tönen

Wir selbst sind mit allem ausgestattet, um Obertöne und Geräusche zur Selbstheilung aus uns hervorzulocken, ohne gleich gute Sänger sein zu müssen. Töne sind eine Wissenschaft für sich, und die Menschheit wird noch erforschen, dass jedem Wesen eine bestimmte Tonsignatur zu eigen ist, ähnlich dem Frequenzkode, der uns prägt. Diese selbstheilenden Töne können wir alle hervorbringen.

Während der Arbeit an diesem Buch bekam ich fürchterliche Zahnschmerzen, und mein Weisheitszahn meldete sich. Er war entzündet, und als ich mir keinen anderen Rat mehr wusste (ich hatte alles versucht), bekam ich die Intuition, in ihn hineinzutönen. Dadurch konnte ich plötzlich und über lange Zeit den Schmerz vollkommen transformieren – bis jetzt...

♥♥♥

Farblichtbehandlung für die Ausbalancierung der Chakren

Diese Energiekorrektur und Anregung zur Selbstheilung durch Licht und Farbe, Klang und Düfte kann für Menschen jeden Alters (besonders Babys oder Kinder) durchgeführt werden. Hier habe ich einmal eine schöne energetische Farbbehandlung mit Licht konzipiert für alle, die therapeutisch oder auch im Wellnessbereich arbeiten, oder die vorhaben, es zu tun.

1. Raum reinigen, räuchern, lüften.
2. Energetischer Check-up des Klienten (liegend), kinesiologischer Test oder Pendel, je nach Bedarf.
   - Energiewert
   - Elementenbalance
   - Verstrahlungen, Röntgen, Elektrosmog usw.
   - Fremdenergetische Anhaftungen
3. Elektrofeld kämmen (mit den Fingern von oben nach unten einige Male von sehr nah am Körper bis ungefähr einen halben Meter darüber durch das Energiefeld ziehen).
4. Clearing mit Aura-Spray (zum Beispiel Regenbogen-Sprays) eventuell noch ein zweites Spray, das angezeigt ist, verwenden (der Klient wählt ein zweites intuitiv aus).
5. Fehlende Farben ermitteln (maximal drei – Farbskala und Pendel oder kinesiologischer Test)
   Eine weitere Variante:
   Chakrenbalance: Jedes Chakra wird drei Minuten mit der entsprechenden Chakrenfarbe bestrahlt.
6. Still die Hände auf die Füße des Klienten legen, Verbindung aus dem Herzen zur Seele des Klienten herstellen.
   Bitte an die Seele des Klienten:

„Liebe Seele von (Name), bitte hilf ihm/ihr jetzt bei der Selbstheilung von Körper, Geist und Seele."

7. Weiter: *„Sage mir, wie viele Minuten die Farben eingestrahlt werden sollen."*

   Den Klienten bitten, eine Zahl zwischen 3 und 10 zu nennen (oder sie erscheint intuitiv). Das ist die Zeitdauer für die Farbeinstrahlung.

   (Kinder: Eine bis drei Minuten/Chakra, Erwachsene cirka fünf Minuten.)

8. Kerzen anzünden, Musik, Duftöl oder Duftlampe.

9. Farblichteinstrahlung (eventuell Zeitschaltuhr).

   Bitte an den Klienten, sein Herz weit zu öffnen und alle heilsamen Schwingungen aufzunehmen.

10. Nachruhen: Chakren mit Kristallauflage ausbalancieren (ungefähr zehn Minuten, ist jedoch nicht zwingend notwendig).

    (Chakrenset und zwei Spitzen, nach unten gerichtet, für das Wurzelchakra und zwischen die Füße platzieren.)

11. Abschluss: Lege die Hände auf die Füße (Spann). Der Seele danken, dass sie Klienten herführte.

    Atme einige Atemzüge in Verbindung mit dem Klienten in das Herz der Erde, damit er wieder Bodenhaftung bekommt.

12. Veränderten Energiewert testen.

Diese wirkungsvolle Behandlung kann auch von Menschen ausgeführt werden, die in Energiearbeit nicht ausgebildet sind. Sie eignet sich sehr gut für die Anwendung in Kosmetikinstituten, Hotels, Naturheil- oder Bioenergetikpraxen. Ich empfehle sechs bis zwölf Behandlungen (eine bis drei pro Woche, à 45 Minuten). Die speziellen Farblampen gibt es von sehr teuer bis relativ preiswert zu kaufen. *(Auf Anfrage: lichtkristall99@t-online.de)*

Raphael – Erzengel der Heilung

Wenn uns Schmerzen plagen und Ängste oder Symptome die Oberhand gewinnen, dann rufen wir: „RAPHAEL!", und er erscheint mit seinem smaragdgrünen Strahlen und hüllt uns ein in diese kosmische Frequenz des heilenden Lichts.

Raphael bedeutet „GOTT heilt" oder „GOTT hat geheilt". Erzengel Raphael ist der mächtigste Heiler des physischen Körpers, sowohl bei Menschen, als auch bei Tieren.

Raphael kommt zu jedem, der ihn ruft. Jedoch erscheint er nicht ohne Aufforderung, denn es ist auch ihm nicht möglich, in den freien Willen der Menschen einzugreifen. Seine Präsenz ruft beruhigende, besänftigende und heilende Wirkung hervor. Er erscheint bei Anrufung (dreimal in Stille), und seine grüne Heilflamme fließt beim Handauflegen durch den Körper.

Raphael hilft bei
* *Reduzierung und Beseitigung von Süchten und Verlangen aller Art,*
* *innerem und äußerem Sehen, Hellsichtigkeit,*
* *Anleitung und Unterstützung von Heilern,*
* *Heilung von Menschen und Tieren,*
* *Wiederfinden entlaufener Haustiere,*
* *Reinigung und Klärung von Räumen,*
* *Freisetzung gebundener Seelen,*
* *Reisen, indem er den Reisenden schützt und für Ordnung und Harmonie sorgt.*

Er ist nicht nur für die spirituelle Heilarbeit zuständig, sondern lehrt auch Ärzte und Therapeuten, die beste und wirksamste natürliche Methode zu finden, um ihren Patienten zu helfen. Zudem unterstützt er Menschen, die sich zum Heiler berufen fühlen, bei ihrer Ausbildung. Raphael ist sanft, liebevoll und harmonisch.

Seine grüne Heilflamme bewirkt eine sofortige Energiesteigerung für die Zelle, die Organe und den ganzen Organismus.

Sein smaragdgrünes Licht erfüllt den Körper mit Kraft, Vitalität, entspannt ihn gleichermaßen und balanciert ihn aus. (Informationen unter anderem aus dem Buch von Doreen Virtue „Erzengel und wie man sie ruft".)

Wenn du Raphael hereinbittest, lass dich erfüllen von der mächtigen Präsenz dieses großen Erzengels der Heilung. Übergib deinen Körper, jede einzelne Zelle, seinem grünen Heilstrahl und fühle, wie sich seine Frequenzen in dir ausdehnen. Lass zu, dass du die grüne Heilflamme im Herzen empfängst und von dort zu jedem anderen Ort fließen lässt.

Erzengel Raphael erschien mir immer mit gütigem Blick, in machtvoller Größe und Präsenz.

Seine lichtvollen Gewänder leuchten weißlich, gelblich-grün und grün in allen Facetten. Für mich hat er halblange, sanft gewellte, hellbraune Haare und sehr freundliche braune Augen sowie einen zärtlich lächelnden Mund. Du kannst ihn aber auch anders wahrnehmen.

Meditation im Smaragdtempel

Ein heller Schein, grünes Licht dehnt sich, immer stärker werdend, um dich aus. Raphael tritt hervor. Seine Gewänder wallen in allen Schattierungen von Grün. Er steht unter einem goldgrünen Bogen, und sein Tempel ist ein Lichtschloss, das aus gleißenden Kristallen und Smaragden in ätherischer Form erbaut ist.

Raphael, ein großes Wesen des Lichts und der Heilkraft, lässt seine smaragdgrüne Flamme in deine Felder und durch deinen Körper fließen.

Jetzt – in diesem Augenblick – kannst du mit der Hilfe des smaragdgrünen Strahls alle dichten Energien wandeln.

Raphael sendet dir Grüße der Freude und der Liebe. Er bittet dich, dass du dich öffnen mögest, um seine Smaragdflamme zu empfangen. Atme tief in dein Herz und lass zu, dass dein Herzlicht mit der Flamme Raphaels verschmilzt.

Empfange nun Heilung durch den Segen der smaragdgrünen Flamme.

Auch Raphael ist ein Wesen, mit dem gleichermaßen eine große Gruppe von Lichtengeln verschmolzen ist.

Engel verteilen sich in dieser Zeit über die Erde, um den Menschen, die in Nöten sind, ihren Segen zu bringen, um die Linderung von Schmerz zu bewirken. Er durchlichtet mit dem grünen Licht das Herzchakra und erhöht die Vitalkraft in den Körpern, damit sie in die Selbstheilung finden.

Raphael wiegt dich sanft in den Schlaf, wenn du das wünschst

Er wird dich über deine Nacht begleiten, um dich herum eine harmonische Umgebung erschaffen.

Raphael bittet dich, in dieser Weise auch für andere Wesen zu wirken, indem du seinen Segen, seine Präsenz anrufst.

Seine Heilflamme kannst du auch für deine Haustiere fließen lassen. Ihr könnt eure Tierseelen mit den hohen Engellegionen des Raphael verbinden, und sie werden es dankbar annehmen.

Erzengel Raphael spricht zu dir:

In meinem grünen Licht empfange ich dich, du Geliebte/r.
Du bist hier, um zu fühlen, zu leben, geliebtes Wesen. Ihr seid doch in Wahrheit heil, und ihr seid eins und vollkommen. Erinnere dich jetzt!

Möge dir diese Wahrheit nun zufließen, dass du deinen Weg gehen magst und alle deine Herausforderungen meistern wirst. Lass dich umhüllen und führen durch mein smaragdgrünes Licht. Mein heller Schein wird dich erhöhen und dir in vielfältiger Weise dienlich sein. Er wird dir die Energie für die Regeneration deines Körpers geben, damit auch dieser sich aufschwingen kann.

Durchschreite jetzt das goldgrüne Tor und empfange meinen Strahl. Je mehr du im Herzen weilst und mich wahrnimmst, desto mehr kann ich meine Kräfte in dir entfalten, und umso stärker kannst du sie spüren und annehmen.

Wir bewundern dich für den Mut, die Erfahrungen, die du in dieser Dimensionsebene durchlebst. Wir bewundern dich für die Wege die du gehst, die Schwierigkeiten, die Ängste, das Chaos, das du auf dich genommen hast, in all den Zeiten deines Seins auf Erden, um deine Erfahrungen hier zu machen.

Die Engel erkennen deine Kraft, die es braucht, wieder aufzutauchen und zur Erinnerung zurückzufinden, damit du wieder zu dem Wesen wirst, das du wahrhaft längst bist. Denn auch du bist ein großes Engelwesen und kommst aus lichtvollen göttlichen Reichen.

Wir sehen den Bogen, den du gespannt hast – in allen Inkarnationen, die du im Dunkel, in Leid und Schmerz durchwandert hast. Jedoch auch in Freude, in Licht und Vertrauen. Du stehst jetzt an der Schwelle, um direkt im tiefsten Inneren bei dir selbst anzukommen und zu erkennen, welche Kräfte, Potenziale in dir ruhen. Es sind intelligente Energien, die sich dir öffnen.

Wir Engel lieben dich unermesslich für dieses Beispiel, das du mit deinem Sein vielen anderen Wesen der Erde und des Universums gibst. Wir schreiten mit dir gemeinsam voran, damit du deine Macht in Liebe wiedererlangst. Wir lehren dich sanft und liebevoll, dich zu besinnen und deine innenliegenden Fähigkeiten zu nutzen. Wir sind immer eins mit allem Licht in dir. Viele weitere Wesen sind nahe an deiner Seite – Meister, Engel und Ahnen –, die deinen Schein erhöhen mögen, lässt du die Verschmelzung mit ihnen geschehen.

Aus der größeren Perspektive schaust du aus wie ein Kristall, der schimmert und glitzert. Manchmal fließt du, bist weit und groß, dann wieder ziehst du dich zu einem Punkt zusammen. Das ist so, als könntest du die dunklen Ströme nicht handhaben, weil sie dich verengen und magnetisieren.

Lass nun zu, dass diese dichten Energien sich mit unserer Liebe wandeln. Denn wir gewähren dir unsere Liebe, unser Licht, unseren Beistand und unsere Führung, dass du dieses Dunkel meistern kannst. Du wirst deine Lektionen noch in diesem Leben abschließen, dafür sende ich, Raphael, meinen Segen jetzt zu dir...

Atme nun einmal ein und nimm an, was du spürst.

***

Du gehst weiter deinen Weg, denn auf dich warten große Aufgaben, große Verbindungen. Fühle dich geliebt von uns Engeln. Wir lieben dieses Leben so, wie ihr es lebt. Wir lieben alle Tier- und Pflanzenwesen eurer Erde und sehen, welches Paradies auf euch wartet, in dem alles bereinigt ist und in Vollkommenheit schwingt. Ihr werdet euren Lebensraum in gigantischem Ausmaß erweitern. Es werden Dinge geschehen, die dich in höchstes Entzücken versetzen. Deine Absicht war es, in den Zeiten des Wandels dabei zu sein, selbst diese Energien mit zu bewegen.

Wir sind stolz auf jeden Schritt, jede Lichtstufe, die du meisterst, geliebter irdischer Engel. Lass nun zu, dass wir die kosmischen Operationen mit deinem Seelenengel gemeinsam

durchführen. Öffne deine Felder und dein Herz weit und emp-
fange nun unser Segenslicht und vielleicht auch Zeichen, Sym-
bole, Bilder und Farben.

Siehst oder spürst du sie gar? Nimm es an.

Du bist hier, weil du bereits eins bist in diesem Moment.
So sei es.

Ich hülle dich nun ein in den smaragdgrünen Schein meiner
großen heilenden Liebe. Nimm dieses Strahlen und bewahre es
gut inmitten deines Herzens.

Ich segne dich, wenn du mit mir in diesen Räumen weilst.

Dies sagte dir Raphael.

♥♥♥

Bezugsquellen

Einige der genannten Produkte findet ihr auf www.lichtkristall-portal.de im Shop, der ständig erweitert wird. Ansonsten gibt es Informationen unter den aufgeführten Kontaktdaten (es ist nur eine kleine Auswahl und soll der Orientierung dienen).

Basenprodukte
Jentschura International GmbH, Dülmener Straße 33,
D-48163 Münster
Telefon +49 (0) 25 36 - 33 10-0
Fax: +49 (0) 25 36 - 33 10-10
net: www.p-jentschura.de

Alvito GmbH,
Fürther Straße 244 e
90429 Nürnberg
Telefon: 0911 - 321 521
Fax: 0911 - 321 52 22
Fax: 0800 - 258 48 62
net: www.alvito.de

Gesundes Wasser
BestWater International GmbH
Hermann-Löns-Straße 17, 14547 Beelitz
Vertr.: A. Grube
Tel. 036029 / 740842
mobil: 0177 / 6375377
net: www.wasserandreas.com

Bio-Food / Nahrungsergänzungen
amazonherb
Tel.: 800 - 835-0850
Fax: 561 – 514-6701
email: customercare@amazonherb.net
net: www.amazonherb.com

Bio-direkt Karin Perlinger GmbH
Achenfeldweg 8, A - 6250 Kundl
Tel.: 0043 (0) 5332 / 70300
Fax: 0043 (0) 5332 / 70300-70
email: office@bioking.at
net: www.bioking.com

Rapunzel Naturkost AG
Rapunzelstr. 1, D-87764 Legau
Tel.: +49 (0) 8330 - 529-0
Fax.: +49 (0) 8330 - 529-1188
net: www.rapunzelshop.de

Sana Essence
– Aroniasaft –
Daimlerstr.12, 89312 Günzburg
Telefon 08221/36756-0
Telefax 08221/36756-10
info@sana-essence.de
net: www.sana-essence.de

Gesunde Kleidung
Leinen, Wolle, Baumwolle aus umweltorientierter Produktion
Deerberg Versand GmbH
Velgen 35, 29582 Hanstedt
Telefon: 0800 / 7744470
Fax: 0800 / 7744490
net: www.deerberg.de

Triaz GmbH
Waschbär - Der Umweltversand
Wöhlerstr. 4, D-79108 Freiburg
Tel.:0180 / 5 39 56 56
Fax: 0180 / 5 82 72 40
net: www.waschbaer.de

Energieprodukte
Weber-Bio-Energie-Systeme
Kasseler Str. 55
34289 Zierenberg
Tel. 05606 - 5770
Fax 05606 - 5771
net: www.weberbio.de

TerraLine GmbH
Norbert Kindl
Mörikestraße 15
72644 Oberboihingen
Tel.: 070 22 / 21 780-10
Fax: 070 22 / 21 780-12
email: info@biogenesis.de
net: www.biogenesis.de

(Oszillator!)
Energiepyramiden® - Wiesbaden
Hartmut Senft
email: hsenft@gmx.de
net: www.energiepyramiden.mobi

Vitalprodukte
Vitalkonzepte GmbH & Co.KG
Albert-Moser-Str. 10
D - 78713 Schramberg
Tel: 07422 - 560 050
Fax: 07422 - 560 051 0
net: www.activit.de

Trimilin GmbH
Signalstr. 15, 9400 Rorschach
Schweiz
Tel. +41(0) 71 84108 50
Fax +41(0) 71 84105 55
net: www.trimilin.com

Akupunkturmatte Zhencidian®
Davartis
Breitheck 16, 65599 Dornburg
Tel: 06436 - 4017633
Fax: 03212-1197393
net: www.davartis.de

Kräuterapotheken
Aktiv Drogerie - Kräuter Schulte
Hauptstr. 5, D-76593 Gernsbach
Tel. 07224 - 3876
Fax 07224 - 68434
net: www.kraeuterschulte.de

Farblampen
Regenbogensprays und mehr...
eMail: lichtkristall99@t-online.de
net: www.lichtkristallportal.de

Töne
PLANETWARE (Stimmgabeln...)
Augustenfelder Str. 24a
80999 München
Tel.: 089 - 8121105
Fax: 089 - 8129381
net: www.planetware.de

Bücher, CDs, Räucherwerk
www.amrita.de

www.berk-esoterik.de

Literaturempfehlungen

Nachstehend einige Titel zur Auswahl.

Ashworth, David: *Tanz mit dem Teufel,* Ryvellus Verlag
Avalon, Claire: *Die zwölf göttlichen Strahlen,* Smaragd Verlag
Avalon, Claire: *Wesen und Wirken der Weißen Bruderschaft,* Smaragd Verlag
Brennan, Barbara Ann: *Lichtarbeit,* Goldmann Verlag
Broers, Dr. Dieter: *(R)Evolution 2012,* Scorpio Verlag
Carroll, Lee: *Kryon* (mehrere Bd., I - IX), KOHA Verlag
Deaver, Korra: *Die Geheimnisse des Bergkristalls,* Windpferd Verlag
Emoto, Masaru: *Wasserkristalle,* KOHA Verlag
Fosar, Grazyna: *Vernetzte Intelligenz,* Omega Verlag
Frischknecht, Martin: *Gesundheit als Chance,* Ulmer Verlag
Hawking, Dr. Steven: *Das Universum in der Nussschale,* dtv Verlag
Holiztka, Marlies: *Der kosmische Wissensspeicher,* Schirner Verlag
Ickeroth, Traugott: *Im Namen der Götter,* Argo Verlag
Jodorf, Daniela: *Shambhala,* Kamphausen Verlag
Karstädt, Uwe: *Die 7 Revolutionen der Medizin,* Titan-Verlag
Kenyon, Tom: *Das Manuskript der Magdalena,* KOHA Verlag
Kenyon, Tom: *Die Hathorzivilisation,* KOHA Verlag
Klein, Eric: *Die Sananda Connection,* KOHA Verlag
Lehner, Reinhard: *Handbuch der Pendeltafeln,* ehemals Verlag Bauer Hermann KG
Marciniak, Barbara: *Boten des Neuen Morgens,* Schirner Verlag
Melchizedek, Drunvalo: *Die Blume des Lebens Band 1 + 2,* KOHA Verlag

Miller, David K.: *Verbindung mit den Arcturianern*, Lippert Verlag

Pfister, Patrizia: *Kryon – Botschaften aus der Quelle*, Smaragd Verlag

Pies, Josef: *Immun mit Kolloidalem Silber*, VAK Verlag

Raba, Peter: *Schlank und suchtfrei durch Homöopathie*, Andromeda Verlag

Raven Wing, Josie: *Das Buch der Wunder*, Michaels Verlag

Ruland, Jeanne: *Das große Buch der Engel*, Schirner Verlag

Simonè, Kerstin: *Thoth – Die Offenbarungen Bd. I + II*, Smaragd Verlag

Simonè, Kerstin: *Thoth – Die Pforten von Atlantis*, Smaragd Verlag

Stelzl, Dr. Diethard: *Heilen mit kosmischen Symbolen*, Schirner Verlag

Stelzl, Dr. Diethard: *Heilende Kristalle*, Schirner Verlag

Stelzl, Dr. Diethard: *Licht*, Verlag Via Nova

Sterling, Fred: *Kirael*, Ansata Verlag

Stone, Dr.: *Aufstiegskurse*, Lippert R Verlag

Stone, Dr.: *Der Integrierte Lichtkörper*, Lippert R Verlag

Stone, Dr.: *Verborgene Mysterien*, Lippert R Verlag

Tachi-ren, Tashira: *Der Lichtkörperprozess*, Hans-Nietsch-Verlag

Tag, Karin: *2012 – Prophezeiungen des Kristallschädels*, AMRA Verlag

Tenner, Christiane: *SETH*, Smaragd Verlag

Treutwein: *Übersäuerung*, Südwest-Verlag

Virtue, Doreen: *Die Kristallkinder*, KOHA Verlag

Virtue, Doreen: *Erzengel und wie man sie ruft*, Allegria Verlag

Vithoulkas, Georgos: *Medizin der Zukunft*, Wenderoth Verlag

Walsch: *Gespräche mit Gott BD 1-3*, Goldmann Verlag

Wolf, Sabine: *2012 – Geistige Reisen in die neue Welt*,
Kristallmensch Media
Wolf, Sabine: *2012 – Toröffnungen in die neue Welt*,
Kristallmensch Media
Yogananda: *Autobiographie eines Yogi*, Hans-Nietsch-Verlag

Vitalresonanz-Skala
in Energie-Einheiten

- Körpervitalität ab 8 - 10 Tsd.
  Schwingungsminimum
- Organe unter 5 Tsd. - geschwächt
- Organe unter 2 Tsd. - krank
- Energiefeld mitunter deutlich höher
  schwingend

Werte steigen durch entsprechende Bewußtseinsaktivität.
Ein hochschwingendes Feld wirkt sich entsprechend auf
den Körper aus.

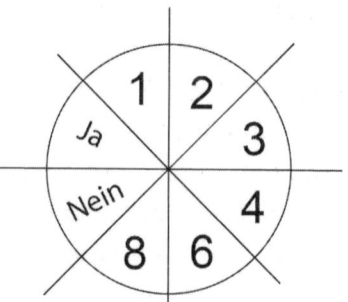

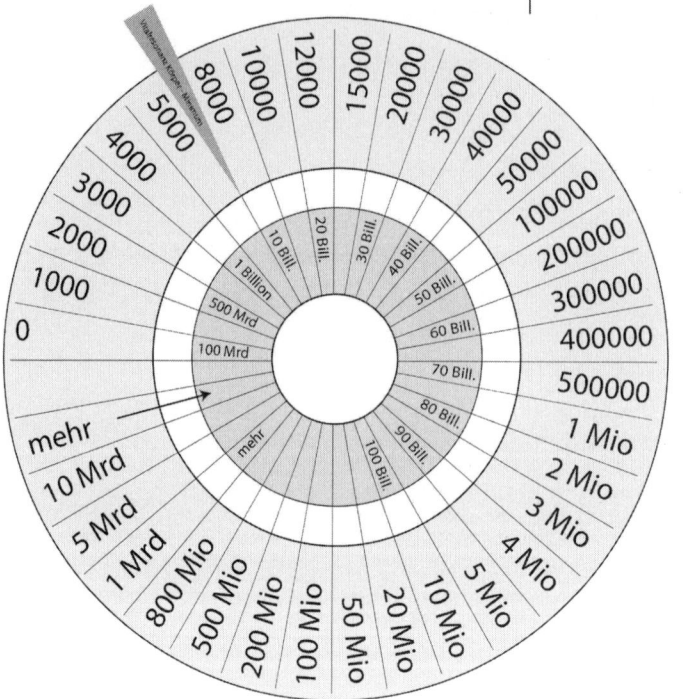

Lichtkörpersymptome, Band 2 – Vorschau

Kapitel IV: Neue Energietechniken

- Alte und neue Werkzeuge
- Die neue kristalline Erdung
- Erde deine göttliche Blaupause
- Die Aura in sieben Schichten
  - Aktivierung der sieben Aurakörper
- Aktivierung mit Erzengel Ariel
- Die Vierzehn-Strang-DNA
- Axiatonales Nervensystem
- Vertikaler Atem und seine Versionen
- Kugelchakra-Verschmelzung
- Übernimm Verantwortung für dein SEIN
- Verankerung der Seelenessenz
- Quantum-Transmutation mit Saint Germain
- Dämonen und Schattenanteile
- Ode an die Dunkelmächte (!)
- Astralwesen und -welten
- Loslassen bedeutet Integrieren
- Schmerzen lichtvoll wandeln
- Das Wesen der Sonne
- Sonnenaktivierungen
  - Jungbrunnen Sonnenlicht
  - Zähne – Batterien unserer Organe
  - Reflexzonen aufladen
  - Sauerstoff tanken
- Meridiane, Nadis und die neuen Elemente
- Formenheilung in der Natur
  - Elementerezepte
- Geistige Aufrichtung stärkt die Achse der Aufrichtigkeit

(Inhaltliche Änderungen möglich)

Einige Worte zu mir

Ich bin Jahrgang 61 und lebe mit meiner Tochter und Familie im grünen Herzen Deutschlands – in Thüringen. Nach mehreren Jahren Redaktionsarbeit und Grafikdesign/Werbung „schlitterte" ich weiter auf der „Achterbahn" meines Lebens. Ich durchlebte in dieser Zeit große Veränderungen, durchforstete viele neue Wissensgebiete, die mich magisch anzogen. Unter anderem absolvierte ich ein Naturheilkundestudium sowie eine Vielzahl körpertherapeutischer Qualifikationen. Intensive spirituelle Prozesse und Initiationen bei verschiedenen Meistern, Medien und Heilern gehörten eine ganze Weile zu meinem „Urlaub vom Alltag".

Viele weitere ganzheitliche und geistige Heilverfahren lernte ich kennen:
Akupunktur, Ayurveda- und Asiatische Massage, Fußreflexzonentherapie, Dorn und Breuss, Homöopathie, Psychokinesiologie, Mentalfeldtherapie, Alchemie, Quantenkybernetik, atlantische Kristallheilkunde, Avatar-Master-Coaching, spirituelle Energiearbeit, Quantenheilung – sowie den gesamten Kristallkörperprozess.

Im Lichtkristall-Zentrum (und andernorts) gebe ich Seminare und Workshops, leite Meditationen oder Heilkreise und biete energetische Körperbehandlungen, Coachings und Energieübertragungen an.

Als Heilerin und im spirituellen Coaching unterstütze ich so Menschen in ihrer Bewusstseinsentwicklung und ihrem Selbstheilungsprozess.

Über viele Jahre lang bin ich mit der Geistigen Welt von Herzen verbunden und kanalisiere Energien und Botschaften der Meister und Engel in meinen Meditationen, Channelings, in Energieübertragungen und über meine Lichtkristall-Gemälde, Texte und Bücher.

Andrea Kraus

Andrea Kraus
Toröffnung in die Fünfte Dimension
Energieaufbau durch Metatron, Saint Germain, Kuthumi...
272 Seiten, A5, gebunden, mit Leseband
ISBN 978-3-941363-18-2

Immer spannender werden die Herausforderungen in der Phase des Übergangs in ein neues Zeitalter, das wir spätestens am 21.12.2012 erreicht haben. Kein Wunder also, dass viele Menschen aufgrund dieser Umwälzungsprozesse ins Bodenlose stürzen. Und ihre Fragen werden immer dringlicher:

Und da ist sie – die Hilfe aus der Geistigen Welt: Die Aufgestiegenen Meister, weise Priester und Erzengel stehen uns zur Seite und führen uns durch die Dschungellandschaften des Chaos und der Zusammenbrüche. Ganz konkret nennen sie uns Möglichkeiten und Techniken, mit denen wir uns selbst helfen können, unsere Gefühle zu heilen, um schließlich Schritt für Schritt in ein erfülltes Dasein zu gelangen.

Andrea Kraus
Toröffnung in die Fünfte Dimension
CD, Lauflänge ca. 70 Minuten
ISBN 978-3-941363-70-0

Meditationen und geistige Übungen aus dem Buch „Toröffnungen in die 5. Dimension", das nun bereits in der 3. Auflage erschienen ist.
In einem speziellen Energieraum und in Begleitung der geistigen Meister und Erzengel führt die Autorin durch die Meditationen und gibt darüber hinaus Anleitungen für kurze und knackige geistige Übungen.
Alle diese Verschmelzungen können natürlich mehrfach durchgeführt werden.
Viel Freude beim Mitmachen!
Nicht beim Autofahren anhören!

Andrea Kraus
Lichtkörpersymptome Band 2
Dem Chaos folgt Ordnung!
248 Seiten, gebunden, mit Leseband
ISBN 978-3-941363-79-3

Wahrlich, wir sind JETZT und HIER angekommen. Die neue Matrix hat sich entfaltet!
Doch was geschieht JETZT? Was kommt nach 2012?
Unser wichtigstes Arbeitsutensil bleibt unser Werkzeugkoffer, der hier ein weiteres Mal gut bestückt werden kann. Doch das Drehkreuz, wodurch wir dies in effizienter Weise bewirken, ist unser HERZ. Liebe Seele, du kannst nun teilhaben an der Energie meiner Erfahrungen. Ich möchte dich einmal halten und trösten und dann wieder im Vertrauen ziehen lassen. Denn wir sind hier, weil wir es vereinbart haben! Sei von Herzen offen und frei, dann werden dich inspirierende Wellen erreichen, die wir in wundervollen Schwingungsräumen erschaffen haben. Und: Vergessen wir in aller Transformationsbenommenheit nicht das Wichtigste: UNSER LEBEN. Das LEBEN ist schlicht das Spirituellste, das es gibt!

Ulrike KOLLER & Raimund STIX
DIE 12 SIEGEL
Die Meisterbriefe aus Atlantis
ca. 264 Seiten, Großformat, broschiert, vierfarbig
ISBN 978-3-941363-67-0

Die 12 Siegel, ein Heilwissen aus Atlantis, Lemurien und den drei Weisen aus Zion, ermöglichen dir, das Licht in dir zu erkennen und dich von deinen Schatten zu befreien.
Das Paket, bestehend aus den heilenden 12 Symbolen mit ihren dazugehörig hochschwingenden Mantren und dem übermittelten Wissen, bietet ein komplettes Programm mit praktischen Anregungen, Übungen und Meditationsvorschlägen zur Befreiung von Blockaden deiner Seele, deines Körpers und deines Geistes, damit du endlich selbstbestimmt deinen Seelenpfad beschreiten kannst.
Beginne jetzt, „dein Leben" nach deinen Wünschen, Träumen und Zielen zu lieben, zu leben und zu lachen, denn du bist der Schöpfer deines Lebens!

Christiane Zen
Wenn Gott liebt
Offenbarungen der Neuen Zeit
272 Seiten, A5, gebunden, mit Leseband
ISBN 978-3-941363-68-7

Wir alle wollen glücklich sein, und viele von uns lassen nichts unversucht, das Leben zu führen, das sie sich vorgestellt haben.
Um neue Wege zu gehen, ist es unerlässlich, das in die Welt zu tragen, was Gott uns allen geschenkt hat: SEINE Liebe!
WENN GOTT LIEBT baut eine Brücke, über die wir gehen können. Und während wir über diese Brücke gehen, erkennen wir, dass wir uns selbst verändern und die Welt bewegen können. Wir erkennen die fundamentale Wahrheit: Wir sind Wesen, die von Gott ermächtigt sind, ihr Glück zu erschaffen und sich selbst zu heilen. Mit vielen Fallbeispielen aus der beruflichen Tätigkeit der Autorin als Heilpraktikerin (Psychotherapie).

Daivika
Verschmelzung im Klang der Stille
Metatron, Sananda, Lady Nada ...
104 Seiten, A5, broschiert
ISBN 978-3-941363-55-7

METATRON segnet uns mit vereinter göttlicher Kraft mit der all-einen Liebe. NATHANAEL ermöglicht uns durch den Sonnenzauber den Fluss reiner Liebe und das Loslassen körperlicher Blockaden. LADY NADA, ROWENA, KUTHUMI und ERZENGEL MICHAEL öffnen mit dem Schlüssel unserer eigenen Schwingung den Eintritt in höhere Dimensionen, während MARIA MAGDALENA uns im reinen Glanz unserer Seele erstrahlen lässt. Auf dem weiteren Weg begegnen wir SANANDA, dessen Liebe uns wie ein Kuss der Sonne streift.
Abschließend treffen wir auf BEETHOVEN, der gemeinsam mit den Kindern der Erde die Komposition eines neuen Zeitalters schreibt und die Stimme unseres Herzens mit dem universellen Klang, dem ewigen Lied der Schöpfung, verschmelzen lässt.